15 MI

ESPAGNOL

15 MINUTES
ESPAGNOL

**PARLEZ ESPAGNOL
EN Y CONSACRANT
SEULEMENT
15 MINUTES PAR JOUR**

ANA BREMÓN

Libre Expression
QUÉBECOR MEDIA

@ QUEBECOR MEDIA

Pour l'édition en langue française
Responsable éditoriale Sylvie Zucco
Traduction Catherine Cosquer

Publié pour la première fois
en Grande-Bretagne en 2005 par
Dorling Kindersely Limited
Copyright © 2005 Dorling Kindersely Limited

© Nathan, 2006 pour la traduction française
sous le nom de GÉOlangues

© Libre Expression, 2006,
pour l'édition française au Canada,
sous le nom de collection 15 minutes

Imprimé et relié en Chine
par Leo Paper Products Limited

Éditions Libre Expression
7, chemin Bates
Outremont (Québec)
H2V 4V7

Dépôt légal : 1er trimestre 2006
ISBN 2-7648-0270-6

Table des matières

Comment utiliser ce livre

La partie principale de ce livre est divisée en 12 chapitres
thématiques, eux-mêmes divisés en cinq leçons quotidiennes
de 15 minutes, la dernière étant consacrée aux révisions.
Le cours s'étend donc sur 12 semaines. Vous trouverez à la fin
du livre un lexique des termes culinaires ainsi qu'un
dictionnaire français-espagnol et espagnol-français.

Exercices d'échauffement et horloge
Chaque journée commence par un petit échauffement
d'une minute pour vous encourager à réutiliser
les phrases et le vocabulaire acquis précédemment.
L'horloge à droite indique le temps qu'il vous est
conseillé de consacrer à chaque exercice.

Les instructions
Chaque exercice est numéroté et commence une
phrase vous indiquant ce que vous devez faire.
Vous trouverez dans certains cas des informations
supplémentaires sur la question traitée.

Conseil culturel/linguistique
Ces remarques vous éclairent sur
l'usage de la langue et la vie en
Espagne.

Polices
Des polices
différentes vous
permettent de
distinguer
l'espagnol, le
français et la
prononciation (voir
guide à droite)
au premier
coup d'œil.

En conversation
Des dialogues illustrés
vous permettent de
mieux comprendre
comment le
vocabulaire et les
phrases sont utilisées
dans la vie de tous les
jours.

**Comment utiliser
le cache**
Grâce au rabat de la
couverture, vous
pouvez cacher
l'espagnol et vérifier
que vous avez bien
retenu les leçons
précédentes.

Pages de révisions
Le rappel de certains
points abordés lors
des leçons
précédentes vous
permet de consolider
vos connaissances.

Guide de prononciation

La prononciation retenue dans ce livre est celle de l'espagnol parlé en Espagne qui diffère de celle des nombreux dialectes parlés en Amérique du Sud. Certains de ces sons demandent une attention particulière :

c le **c** espagnol se prononce comme le *th* anglais lorsqu'il précède **i** ou **e** et *k* devant les autres voyelles : cinco thin<u>c</u>o (cinq)

h est toujours muet : **hola** ola (*bonjour*)

j (g) le **j** espagnol (la jota) se prononce *rh* avec un son guttural, [x] en phonétique

ll se prononce *ye* comme dans *yahourt*

ñ se prononce *gne* comme dans *canyon*

r le **r** espagnol est plus roulé que le *r* français surtout en début de mot ou lorsqu'il est doublé.

v le **v** espagnol est à mi-chemin entre le *b* et le *v* français

z le **z** espagnol se prononce comme le *th* anglais

Les voyelles :

e se prononce *é*

u se prononce *ou*

Chaque mot ou phrase est suivi de sa transcription phonétique, les lettres soulignées indiquant où placer l'accent tonique. Gardez en tête que cette transcription phonétique n'est qu'une approximation et que le mieux est d'écouter et d'imiter les Espagnols.

Phrases utiles
Des phrases en rapport avec le sujet pour vous aider à mieux comprendre et à mieux vous exprimer.

Dites-le
Des exercices où il vous est demandé d'utiliser ce que vous avez appris pour vous exprimer.

5 Dites-le

Avez-vous une chambre simple, s'il vous plaît ?

Pour six nuits.

Le petit-déjeuner est-il compris ?

Dictionnaire
Dictionnaires français-espagnol et espagnol-français comportant 2 500 entrées.

Lexique culinaire
Lexique des principaux plats espagnols et des aliments qui entrent dans leur composition.

1 S'échauffer

¡Hola!
Bonjour !

Si les femmes espagnoles se font souvent la bise, les hommes, eux, se serrent plus volontiers la main et ne se font la bise qu'entre membres d'une même famille ou amis proches. Quand ils se rencontrent pour la première fois ou qu'ils se connaissent peu, les Espagnols, en général, se serrent la main.

2 Les mots à retenir

Répétez les formules de politesse suivantes à voix haute. Puis refaites l'exercice avec le cache.

¡Hola!
Ola
Bonjour !

Buenos días. bouenos diyas	*Bonjour.*
Me llamo Ana. mé yamo anna	*Je m'appelle Anna.*
Encantado/a. encantado/a	*Enchanté/e.*
Buenas tardes (noches). bouènas tardès (notchès)	*Bonsoir (bonne nuit).*

Conseil linguistique Monsieur, madame et mademoiselle se disent respectivement « señor », « señora » et « señorita ». Suivi du prénom, Monsieur devient « Don » et Madame, « Doña » : Don Juan, Doña Anna.

3 En conversation : style soutenu

Buenos días. Me llamo Concha García.
bouénos diyas. mé yamo contcha garthia.

Bonjour. Je m'appelle Concha García.

Señor López, encantado.
ségnor lopeth, encantado

M. López, enchanté.

Encantada.
encantada

Enchantée.

4 Mettez en pratique

Prenez part à la conversation. Lisez l'espagnol de la colonne de gauche puis formulez votre réponse en espagnol selon les instructions en français. Puis, refaites l'exercice avec le cache.

Buenas tardes señor.
<u>bouénas tardès ségnor</u>
Bonsoir, monsieur.

Dites : Bonsoir madame.

Buenas tardes señora.
<u>bouénas tardès ségnora</u>

Me llamo Julia.
mé <u>yamo rhoulia</u>
Je m'appelle Julia.

Dites : Enchanté.

Encantado.
encan<u>tado</u>

5 Phrases utiles

Familiarisez-vous avec les expressions suivantes. Lisez-les à voix haute plusieurs fois. Puis refaites l'exercice avec le cache.

Comment vous appelez-vous ?	**¿Cómo se llama?** <u>como se yama</u>
Au revoir.	**Adiós.** <u>adios</u>
Merci.	**Gracias.** <u>grathias</u>
À bientôt/demain.	**Hasta pronto/mañana.** <u>asta pronto/magnana</u>

6 En conversation : style informel

Entonces, ¿hasta mañana?
<u>entonthès, asta magnana</u>

Bon, à demain ?

Sí, adiós.
sí, <u>adios</u>

Oui, au revoir.

Adiós. Hasta pronto.
<u>adios. asta pronto</u>

Au revoir. À bientôt.

1 S'échauffer

Dites « bonjour » et
« au revoir ». (pp. 8-9)

Dites « Je m'appelle... »
(pp. 8-9)

Dites « monsieur » et
« madame ». (pp. 8-9)

Las relaciones
Les proches

Maman et papa se disent **mamá** et
papá. Au pluriel, les noms masculins
désignent autant les personnes de sexe
masculin que féminin : **niños** (*garçons
et enfants*), **padres** (*pères et parents*),
abuelos (*grands-pères et grands-parents*),
tíos (*oncles et tantes et oncles*),
hermanos (*frères et frères et sœurs*), etc.

2 Faites correspondre et répétez

Faites correspondre les membres de la famille suivants à leurs
équivalents espagnols. Lisez les mots à voix haute. Puis rabattez le
cache pour vérifier que vous les avez bien retenus.

1 **la hermana**
la ermana

2 **el abuelo**
el abouélo

3 **el padre**
el padré

4 **el hermano**
el ermano

5 **la abuela**
la abouéla

6 **la hija**
la irha

7 **la madre**
la madré

8 **el hijo**
el irho

1 *sœur* **3** *père* **2** *grand-père* **4** *frère*

6 *fille* **8** *fils* **5** *grand-mère* **7** *mère*

Conseil linguistique L'article défini « les » se dit « los »
au masculin et « las » au féminin. L'article indéfini « un » se dit
« un » et « une » se dit « una ». Attention au genre des noms qui
n'est pas forcément le même qu'en français comme « la leche »
(le lait).

3 Les mots à retenir : les proches

Dites les mots qui suivent à voix haute. Puis refaites l'exercice après avoir rabattu le cache. Vérifiez vos réponses et répétez si nécessaire.

el marido	**la mujer**	
el marido	la mourher	
le mari	*la femme*	

Estoy casado/a.
estoï cassado/ cassada
Je suis marié/mariée.

beau-père/belle-mère	**el suegro/la suegra** el souégro/la souégra
beau-père *(second mari de la mère)*	**el padrastro** el padrastro
belle-mère *(seconde femme du père)*	**la madrastra** la madrastra
enfants *(filles/garçons)*	**los niños/las niñas** los nignos/las nignas
oncle/tante	**el tío/la tía** el tio/la tia
cousin/cousine	**el primo/la prima** el primo/la prima
J'ai quatre enfants.	**Tengo cuatro niños.** tengo kouatro nignos
J'ai deux belles-filles *et un beau-fils.*	**Tengo dos hijastras y** **un hijastro.** tengo dos irhastras i oun irhastro

4 Les mots à retenir : les chiffres

Répétez les mots de droite, puis refaites l'exercice avec le cache.

Comme l'article indéfini, le chiffre **un** prend la marque du féminin lorsqu'il précède un nom au féminin : **tengo un hijo** (*j'ai un fils*) devient **una** au féminin : **tengo una hija** (*j'ai une fille*).

un	**uno/a** ouno/a
deux	**dos** dos
trois	**tres** très
quatre	**cuatro** kouatro
cinq	**cinco** thinco
six	**seis** seïs
sept	**siete** siété
huit	**ocho** otcho
neuf	**nueve** nouébé
dix	**diez** dieth

5 Dites-le

J'ai cinq fils.

J'ai trois sœurs et un frère.

J'ai deux enfants.

Mi familia
Ma famille

Le pronom personnel *vous* se dit **usted** et *tu* se dit **tú**. Les adjectifs possessifs *votre* et *vos* se disent respectivement **su** et **sus** : **usted y su mujer** (*vous et votre femme*), **¿Son ésos sus hijos?** (*Ce sont vos fils ?*). **Su** signifie également *sa, son* et *leur* et **sus**, *ses* et *leurs*.

2 Les mots à retenir

L'adjectif possessif s'accorde en genre et en nombre avec le substantif qui le suit.

mi mi	*mon/ma*
mis mis	*mes (masc/fém)*
tu tou	*ton/ta*
tus tous	*tes (masc/fém)*
su sou	*votre (masc/fém)*
sus sous	*vos (masc/fém)*
su sou	*son/sa*
sus sus	*ses (masc/fém) leurs*

Éstos son mis padres.
estos son mis padres
Voici mes parents.

3 En conversation

¿Tiene usted niños?
tiéné ousted nignos

Vous avez des enfants ?

Sí, tengo dos hijas.
si, tengo dos irhas

Oui, j'ai deux filles.

Éstas son mis hijas.
¿Y usted?
estas son mis irhas.
i ousted

Voici mes filles.
Et vous ?

Conseil linguistique En espagnol, il suffit souvent d'accentuer la fin de la phrase pour marquer l'interrogation comme dans « ¿Quieres un poco de vino? » (Veux-tu un peu de vin ?). Notez le point d'interrogation à l'envers (¿) en début de phrase interrogative. Il existe aussi le point d'exclamation à l'envers (¡) comme dans « ¡Hola! » (Bonjour !)

4 Phrases utiles

Lisez plusieurs fois les phrases suivantes à voix haute. Puis refaites l'exercice avec le cache.

	Vous avez des frères ?	**¿Tiene usted hermanos?** <u>tié</u>né <u>ous</u>ted er<u>ma</u>nos
	Tu as des frères ?	**¿Tienes hermanos?** <u>tié</u>nes er<u>ma</u>nos
	Voici mon mari.	**Éste es mi marido.** es<u>té</u> es mi ma<u>ri</u>do
	Voici ma femme.	**Ésa es mi mujer.** <u>es</u>sa es mi mou<u>rher</u>
	C'est votre sœur ?	**¿Es ésa su hermana?** es sou er<u>ma</u>na
	C'est ta sœur ?	**¿Es ésa tu hermana?** <u>es</u>sa es tou er<u>ma</u>na

No, pero tengo un hijastro. no, <u>pé</u>ro <u>ten</u>go oun ir<u>has</u>tro

Non, mais j'ai un beau-fils.

5 Dites-le

Avez-vous des frères et des sœurs ?

Tu as des enfants ?

J'ai deux sœurs.

Voici ma femme, María.

1 S'échauffer

Dites « À bientôt ».
(pp. 8-9)

Dites « Je suis marié. »
(pp. 10-11) et « J'ai une
femme ». (pp. 12-13)

Ser y tener
Être et avoir

Les verbes **ser** (*être*) et **tener** (*avoir*)
vous permettront de construire un
nombre important de phrases très
utiles. Le pronom personnel
(je, tu, il, elle, etc.) est omis quand le
sens est évident.

2 Ser : être

Familiarisez-vous avec la conjugaison du verbe **ser** (*être*), puis répétez
les phrases ci-dessous. N'oubliez pas l'accord en genre et en nombre
des adjectifs.

yo soy yo soï	*je suis*
tú eres tou <u>e</u>res	*tu es*
usted es ousted es	*vous êtes (singulier, vouvoiement)*
él/ella es el/<u>e</u>ya es	*il/elle est*
nosotros/as somos no<u>s</u>otros/as <u>s</u>omos	*nous sommes*
vosotros/as sois bo<u>s</u>otros/as soïs	*vous êtes (pluriel, tutoiement)*
ustedes son ou<u>s</u>tedes son	*vous êtes (pluriel, vouvoiement)*
ellos/as son <u>e</u>yos/as son	*ils/elles sont*

Yo soy inglesa.
yo soï inglèsa
Je suis Anglaise.

¿De dónde es usted? dé <u>dond</u>é es ousted	*D'où êtes-vous ?*
Es mi hermana. es mi er<u>ma</u>na	*C'est ma sœur.*
Somos españoles. <u>s</u>omos espagnolès	*Nous sommes Espagnols.*

3 Tener : avoir

Conjuguez le verbe **tener** (*avoir*) puis entraînez-vous à dire les phrases qui suivent. Refaites l'exercice avec le cache.

j'ai	**yo tengo** yo <u>ten</u>go
tu as	**tú tienes** tou <u>tié</u>nes
vous avez *(singulier)*	**usted tiene** ousted <u>tié</u>né
il/elle a	**él/ella tiene** el/eya <u>tié</u>né
nous avons	**nosotros/as tenemos** no<u>so</u>tros/as <u>té</u>némos
vous avez (pluriel, *tutoiement)*	**vosotros/as tenéis** bo<u>so</u>tros/as <u>té</u>néis
vous êtes (pluriel, *vouvoiement)*	**ustedes tienen** oustedes <u>tié</u>nen
ils/elles ont	**ellos/as tienen** eyos/as <u>tié</u>nen

¿Tiene rosas rojas?
tiéné rosas rrorhas
Avez-vous des roses rouges ?

Il a une réunion.	**Tiene una reunión.** <u>tié</u>né <u>ou</u>na réou<u>nion</u>
Avez-vous un *téléphone portable ?*	**¿Tiene usted móvil?** tiéné ousted <u>mobil</u>
Combien de frères et *sœurs avez-vous ?*	**¿Cuántos hermanos** **tiene usted?** kouantos ermanos tiéné ousted

4 La forme négative

Il est très facile de mettre une phrase à la négative en espagnol.
Il suffit de mettre **no** devant le verbe : **no somos americanos** (*nous ne sommes pas Américains*).

la bicicleta
la bithi<u>clè</u>ta
vélo

Je ne suis pas *Espagnol.*	**No soy español.** no soï espa<u>nol</u>
Il n'est pas végétarien.	**No es vegetariano.** no es bérhéta<u>ria</u>no
Nous n'avons pas *d'enfants.*	**No tenemos niños.** no té<u>né</u>mos <u>nig</u>nos

No tengo coche.
no <u>ten</u>go <u>cot</u>ché
Je n'ai pas de voiture.

Repase y repita
Révisions

1 Combien ?

1 **tres**
   très

2 **nueve**
   <u>nouébé</u>

3 **cuatro**
   <u>kouatro</u>

4 **dos**
   dos

5 **ocho**
   <u>o</u>tcho

6 **diez**
   <u>dieth</u>

7 **cinco**
   <u>thinco</u>

8 **siete**
   <u>sié</u>té

9 **seis**
   seïs

1 Combien ?

Rabattez le cache. Puis dites les chiffres suivants à voix haute pour vérifier que vous les avez bien retenus.

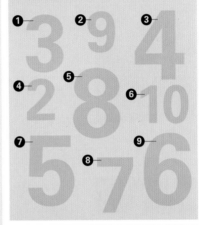

2 Bonjour

1 **Buenos días. Me llamo… [votre prénom].**
   <u>bouenos diyas. mé yamo…</u>

2 **Encantado/a.**
   encantado/a

3 **Sí, y tengo dos hijos. ¿Y usted?**
   si, i <u>tengo</u> dos <u>irhos. i ousted</u>

4 **Adiós. Hasta mañana.**
   adios. <u>asta magnana</u>

2 Bonjour

Vous rencontrez quelqu'un que vous connaissez peu. Prenez part à la conversation et formulez vos réponses en espagnol.

Buenos días. Me llamo María.
1 *Répondez aux salutations et dites comment vous vous appelez.*

Éste es mi marido, Juan.
2 *Dites « Enchanté(e) ».*

¿Está usted casado/-a?
3 *Dites « Oui, je suis marié/e et j'ai deux fils. Et vous ? »*

Nosotros tenemos tres hijos.
4 *Dites « Au revoir. À demain. »*

3 Être ou avoir

Complétez les phrases suivantes avec la conjugaison correcte de **ser** (*être*) ou **tener** (*avoir*).

1 Yo ____ inglesa.

2 Nosotros ____ cuatro niños.

3 Yo no ____ feliz.

4 ¿ ____ tu coche?

5 Él ____ mi marido.

6 Yo no ____ móvil.

7 Tú no ____ español.

8 ¿ ____ usted hijos?

3 Être ou avoir

1 **soy**
soï

2 **tenemos**
ténémos

3 **soy**
soï

4 **tienes**
ti<u>é</u>nes

5 **es**
es

6 **tengo**
tengo

7 **eres**
<u>e</u>res

8 **tiene**
ti<u>é</u>né

4 La famille

Donnez le mot espagnol pour chacun des membres de la famille ci-dessous.

sœur ❶

❷ *grand-père*

❸ *père*

❹ *frère*

❺ *grand-mère*

❻ *fille*

❼ *mère*

❽ *fils*

4 La famille

1 **la hermana**
la ermana

2 **el abuelo**
el abou<u>é</u>lo

3 **el padre**
el <u>pa</u>dré

4 **el hermano**
el ermano

5 **la abuela**
la abou<u>é</u>la

6 **la hija**
la <u>i</u>rha

7 **la madre**
la <u>ma</u>dré

8 **el hijo**
el <u>i</u>rho

1 S'échauffer

Comptez jusqu'à dix.
(pp. 10-11)

Dites « bonjour » et
« au revoir ». (pp. 8-9)

Demandez « As-tu un
téléphone portable ? »
(pp. 14-15)

En la cafetería
Au café

Dans les cafés espagnols, vous pourrez
commander du pain et des pâtisseries
avec votre café le matin. Pour les
petites faims, dégustez les *churros*,
beignets de forme allongée
typiquement espagnols. Il est d'usage
de donner un pourboire au serveur
mais quelques pièces suffisent.

2 Les mots à retenir

Lisez les mots suivants plusieurs fois. Puis,
refaites l'exercice avec le cache.

el chocolate
el chocolaté
chocolat

el té con limón el té con limon	*thé au citron*
el café descafeinado el café descaféinado	*café décaféiné*
el cortado el cortado	*expresso avec un peu de lait*
la mermelada la mermelada	*confiture*
la tostada con mantequilla la tostada con mantékiya	*tartine beurrée*

el café solo
el café solo
expresso

Conseil culturel Si vous commandez un café en Espagne,
on vous apportera un expresso. Si vous le voulez avec du lait ou
allongé, vous devrez préciser. Si vous désirez un thé au lait,
demandez un « té con leche », car si vous demandez juste un
« té », on vous apportera le plus souvent un thé au citron.

3 En conversation

**Buenos días. Me pone
un café con leche.**
bouenos diyas. mé poné
oun café con létché

*Bonjour. Je vais
prendre un café crème.*

¿Eso es todo?
esso es todo

Ce sera tout ?

¿Tiene churros?
tiéné tchourros

Vous avez des churros ?

4 Phrases utiles

Apprenez les phrases suivantes. Donnez
l'équivalent espagnol de la phrase française
qui accompagne la photo. Puis, refaites
l'exercice avec le cache.

los churros
los tchourros
churros

el azúcar
el athoucar
sucre

Me pone un café.
mé poné oun café

*Un café, s'il vous
plaît.*

¿Eso es todo?
esso es todo ?

Ce sera tout ?

**Yo voy a tomar
churros.**
Yo boï a tomar
tchourros

*Je vais prendre des
churros.*

¿Cuánto es?
kouanto es

Ça fait combien ?

el café con leche
el café con létché
café crème/café au lait

Sí, señor.
si, ségnor

Oui, monsieur.

Gracias. ¿Cuánto es?
grathias. kouanto es

Merci. Ça fait combien ?

**Cuatro euros, por
favor.**
kouatro éouros, por
fabor

*Quatre euros, s'il vous
plaît.*

1 S'échauffer

Demandez « Ça fait combien ? » (pp. 18-19)

Dites « Je n'ai pas de frères ». (pp. 14-15)

Demandez « Avez-vous des churros ? » (pp. 18-19)

En el restaurante
Au restaurant

En Espagne, il existe de nombreux types de restaurants différents. Dans les **bars** ou **tascas**, vous pourrez commander des tapas (assortiment de petites entrées variées). Pour les Espagnols, le déjeuner est le principal repas de la journée.

2 Les mots à retenir

Répétez les mots ci-dessous. Puis refaites l'exercice avec le cache.

la carta la <u>carta</u>	*la carte*
la carta de vinos la <u>carta</u> dé <u>binos</u>	*carte des vins*
los entrantes los en<u>tran</u>tès	*hors-d'œuvre*
el plato principal el <u>plato</u> prin<u>thi</u>pal	*plat principal*
los postres los <u>pos</u>très	*desserts*
el desayuno el dessa<u>you</u>no	*petit-déjeuner*
el almuerzo el almou<u>er</u>tho	*déjeuner*
la cena la <u>thé</u>na	*dîner*

tasse ➐

couteau ➏

➎ cuillère   ➍ fourchette

3 En conversation

Hola. Una mesa para cuatro, por favor.
<u>ola</u>. <u>ouna</u> <u>messa</u> para <u>koua</u>tro, por fa<u>bor</u>

Bonjour, une table pour quatre, s'il vous plaît.

¿Tiene una reserva?
<u>tié</u>né <u>ouna</u> ré<u>ser</u>ba

Vous avez réservé ?

Sí, a nombre de Cortés.
si, a <u>nom</u>bré dé cortes

Oui, au nom de Cortés.

4 Faites correspondre et répétez

Faites correspondre les différents couverts à leurs équivalents
espagnols (à gauche). Lisez les mots à voix haute. Puis refaites
l'exercice avec le cache.

verre **1**

8 *soucoupe*

serviette **2**

assiette **3**

1 **la copa**
  la <u>co</u>pa

2 **la servilleta**
  la serbi<u>yé</u>ta

3 **el plato**
  el <u>pla</u>to

4 **el tenedor**
  el téné<u>dor</u>

5 **la cuchara**
  la cout<u>cha</u>ra

6 **el cuchillo**
  el cout<u>chi</u>yo

7 **la taza**
  la <u>ta</u>tha

8 **el platillo**
  el pla<u>ti</u>yo

5 Phrases utiles

Lisez plusieurs fois les phrases suivantes à
voix haute. Puis, recommencez avec le cache.

Qu'est-ce que vous avez en dessert ?	**¿Qué tiene de postre?** ké <u>tié</u>né dé <u>pos</u>tré
L'addition, s'il vous plaît.	**La cuenta, por favor.** la <u>cuén</u>ta, por fa<u>bor</u>

**¿Fumadores o no
fumadores?**
fouma<u>do</u>rès o no
fouma<u>do</u>rès

*Fumeurs ou non-
fumeurs ?*

**No fumadores, por
favor.**
no fouma<u>do</u>rès, por
fabor

*Non-fumeurs, s'il vous
plaît.*

Síganme, por favor.
<u>si</u>ganmé, por fa<u>bor</u>

*Suivez-moi, s'il vous
plaît.*

1 S'échauffer

Comment dit-on
« petit-déjeuner »,
« déjeuner » et
« dîner » ? (pp. 20-21)

Dites « je », « tu »,
« il », « elle »,
« nous », « vous »
(pluriel/vouvoiement),
« ils » et « elles ».
(pp. 14-15)

Querer
Vouloir

Le verbe **querer** (*vouloir*) est un verbe
utile dans la conversation de tous les
jours. Préférez le conditionnel de
politesse **quisiera** (*je voudrais*) pour
demander quelque chose :
¿Qué quiere beber? (*Que voulez-vous
boire ?*) **Quisiera una cerveza.**
(Je voudrais une bière.)

2 Querer : vouloir

Conjuguez le verbe **querer** (*vouloir*) à voix haute puis entraînez-vous
à dire les phrases ci-dessous. Refaites l'exercice avec le cache.

yo quiero yo <u>kié</u>ro	*je veux*
tú quieres/usted quiere tou <u>kié</u>rès/ousted <u>kié</u>ré	*tu veux/* *vous voulez* *(singulier)*
él/ella quiere el/<u>e</u>ya <u>kié</u>ré	*il/elle veut*
nosotros/as queremos no<u>so</u>tros/as ké<u>ré</u>mos	*nous voulons*
vosotros/as queréis **ustedes quieren** bo<u>so</u>tros/as ké<u>ré</u>is ous<u>te</u>des <u>kié</u>ren	*vous voulez* *(pluriel)* *(vouvoiement)*
ellos/as quieren <u>e</u>yos/as <u>kié</u>ren	*ils/elles veulent*

¿Quieres vino? <u>kié</u>res <u>b</u>ino	*Tu veux du vin ?*
Quiere un coche nuevo. <u>kié</u>re oun <u>cot</u>ché <u>noué</u>bo	*Elle(il) veut une voiture neuve.*

Quiero caramelos.
<u>kié</u>ro cara<u>mè</u>los
Je veux des bonbons.

Conseil linguistique   Sachez que les
Espagnols ne disent pas très souvent « s'il vous
plaît » (por favor) ou « merci » (gracias) et encore plus
rarement « excusez-moi » (perdón) ou « je suis
désolé » (lo siento). La politesse passe en revanche
par l'intonation de la voix et le choix des mots comme
l'utilisation de « quisiera » (je voudrais) au lieu de
« quiero » (je veux).

3 Demandez poliment

Utilisez le conditionnel pour formuler vos demandes plus poliment :
quisiera (*je voudrais*) au lieu de **quiero** (*je veux*).

Je voudrais une bière.

Quisiera una cerveza.
kissiéra <u>ou</u>na cerbètha

*Je voudrais une table
pour ce soir.*

**Quisiera una mesa
para esta noche.**
kissiéra <u>ou</u>na <u>me</u>ssa
<u>para esta not</u>ché

*Je voudrais le menu,
s'il vous plaît.*

**Quisiera ver la carta,
por favor.**
kis<u>sié</u>ra ber la <u>carta</u>,
por fa<u>bor</u>

4 Mettez en pratique

Prenez part à la conversation. Lisez l'espagnol de la colonne
de gauche puis formulez votre réponse en espagnol selon les
instructions en français. Puis, refaites l'exercice avec le cache.

**Buenas tardes señor.
¿Tiene una reserva?**
bou<u>è</u>nas <u>tar</u>dès <u>ség</u>nor.
tiéné <u>ou</u>na ré<u>serba</u>
*Bonsoir, monsieur.
Vous avez fait
une réservation ?*

*Dites : Non, mais je
voudrais une table
pour trois.*

**No, pero quisiera una
mesa para tres.**
no, <u>pé</u>ro kis<u>sié</u>ra <u>ou</u>na
<u>me</u>ssa para très

**Muy bien. ¿Qué mesa
le gustaría?**
mwi bien. ké <u>me</u>ssa lé
gousta<u>riy</u>a
*Très bien. Quelle
table voulez-vous ?*

*Dites : Près de la
fenêtre, s'il vous plaît.*

**Cerca de la ventana,
por favor.**
<u>ther</u>ca dé la <u>ben</u>tana,
por fa<u>bor</u>

1 S'échauffer

Dites « Elle est heureuse. » et « Je ne suis pas sûr ».
(pp. 14-15)

Demandez « Avez-vous des churros ? »
(pp. 18-19)

Dites « Je voudrais un café crème ».
(pp. 18-19)

Los platos
Les plats

L'Espagne offre un choix très important de plats régionaux, souvent parfumés à l'ail et à l'huile d'olive, deux ingrédients de premier plan dans la gastronomie ibérique. Les restaurants proposant un menu végétarien sont rares mais les plats traditionnels espagnols sans viande sont nombreux.

Conseil culturel De nombreux restaurants proposent le midi « el menú del día » (le menu du jour), un menu avec entrée, plat, dessert et une boisson comprise dans le prix.

2 Faites correspondre et répétez

Faites correspondre les ingrédients suivants à leurs équivalents espagnols (à gauche).

1 **las verduras**
las ber<u>dou</u>ras

2 **la fruta**
la <u>frou</u>ta

3 **el queso**
el <u>kè</u>so

4 **los frutos secos**
los <u>frou</u>tos <u>sè</u>cos

5 **la sopa**
la <u>so</u>pa

6 **las aves**
las a<u>vè</u>s

7 **el pescado**
el pes<u>ca</u>do

8 **la pasta**
la <u>pas</u>ta

9 **el marisco**
el ma<u>ris</u>co

10 **la carne**
la <u>car</u>né

1 légumes

2 fruit

3 fromage

5 soupe

6 volaille

8 pâtes

9 fruits de mer

3 Les mots à retenir : les méthodes de cuisson

Notez la terminaison différente selon le genre du substantif.

frit/te	**frito/-a**	frito/a
grillé	**a la plancha**	a la plantcha
rôti/e	**asado/-a**	assado
bouilli/e	**hervido/-a**	erbido/a
à la vapeur	**al vapor**	al bapor
saignant (viande)	**poco hecho/-a**	poco etcho/a

Quisiera mi filete bien hecho.
kissiéra mi filèté bien etcho
Je voudrais mon steak bien cuit.

6 Dites-le

C'est quoi, une tortilla ?

Je suis allergique aux fruits de mer.

Je voudrais une bière.

4 Les mots à retenir : les boissons

Familiarisez-vous avec les mots suivants.

eau	**el agua**	el agoua
eau gazeuse	**el agua con gas**	el agoua con gas
eau plate	**el agua sin gas**	el agoua sin gas
vin	**el vino**	el bino
bière	**la cerveza**	la cerbètha
jus de fruit	**el zumo**	el thoumo

4 *fruits secs*

5 Phrases utiles

Répétez les phrases suivantes, puis refaites l'exercice avec le cache.

Je suis végétarien/ne.	**Soy vegetariano/a.**	soï vérhétariano/a
Je suis allergique aux fruits secs.	**Soy alérgico/a a los frutos secos.**	soï allerhico/a los froutos sècos
C'est quoi, « conejo » ?	**¿Qué es « conejo » ?**	ké es conérho

7 *poisson*

10 *viande*

Repase y repita
Révisions

1 À table

1 À table

Donnez le nom des éléments suivants :

1 *fruits secs*
2 *fruits de mer*
3 *viande*
4 *sucre*
5 *verre*

1 **los frutos secos**
los <u>frou</u>tos sè<u>c</u>os

2 **el marisco**
el ma<u>ri</u>sco

3 **la carne**
la <u>car</u>né

4 **el azúcar**
el <u>athou</u>car

5 **la copa**
la <u>co</u>pa

2 C'est ma/mon...

2 C'est ma/mon...

Dites les phrases suivantes en utilisant « mi(s) », « tu(s) » ou « su(s) ».

1 *C'est ma femme.*
2 *Ce sont ses filles.*
3 *Leur table est non-fumeurs.*

1 **Ésta es mi mujer.**
<u>esta</u> es mi <u>mour</u>her

2 **Aquí están sus hijas.**
a<u>ki</u> es<u>tan</u> sous <u>ir</u>has

3 **Su mesa es de no fumadores.**
sou <u>me</u>ssa es dé no fouma<u>do</u>rès

3 Je voudrais...

3 Je voudrais...

Dites « Je voudrais... »

1 *café noir*
2 *churros*
3 *sucre*
4 *café crème*

1 **Quisiera un café.**
ki<u>ssié</u>ra oun ca<u>fé</u>

2 **Quisiera churros.**
ki<u>ssié</u>ra <u>tchou</u>rros

2 **Quisiera azúcar.**
ki<u>ssié</u>ra <u>athou</u>car

4 **Quisiera un café con leche.**
ki<u>ssié</u>ra oun ca<u>fé</u> con <u>lè</u>tché

Respuestas
Réponses
Rabattez le cache

1 À table

⑥ pâtes

couteau ⑦

⑧ *fromage*

bière ⑩

⑨ *serviette*

6 **la pasta**
la <u>pa</u>sta

7 **el cuchillo**
el cout<u>chi</u>yo

8 **el queso**
el <u>ke</u>sso

9 **la servilleta**
la serbi<u>yé</u>ta

10 **la cerveza**
la cer<u>bè</u>tha

4 Au restaurant

Vous arrivez dans un restaurant. Suivez les instructions en français et répondez à votre interlocuteur en espagnol.

Buenas tardes señora, señor.
1 *Demandez une table pour six.*

¿Fumadores o no fumadores?
2 *Dites « Non-fumeurs ».*

Síganme, por favor.
3 *Demandez le menu.*

¿Quiere la carta de vinos?
4 *Dites « Non. De l'eau gazeuse, s'il vous plaît. »*

Muy bien.
5 *Dites que vous n'avez pas de verre.*

4 Au restaurant

1 **Buenas tardes, quisiera una mesa para seis.**
<u>boue</u>nas tar<u>dès</u>, kissi<u>é</u>ra <u>ou</u>na <u>me</u>ssa <u>pa</u>ra seis

2 **No fumadores.**
no fouma<u>do</u>rès

3 **La carta, por favor.**
la <u>car</u>ta, por fa<u>bor</u>

4 **No. Agua con gas, por favor.**
no, <u>a</u>goua con gas, por fa<u>bor</u>

5 **No tengo copa.**
no <u>ten</u>go <u>co</u>pa

Los días y los meses
Les jours et les mois

En espagnol, on utilise la préposition **en** : **en abril** (*en avril*) pour introduire les mois (**los meses**) l'article **el** ou **los** pour les jours de la semaine (**los días de la semana**), comme dans **el/los lunes** (*lundi/le lundi*). Ex. : a) El lunes, voy al cine/Lundi, je vais au ciné. b) Los lunes, voy al cine/Tous les lundis, je vais au ciné.

2   Les mots à retenir : les jours de la semaine

Répétez les mots suivants plusieurs fois, puis rabattez le cache pour vérifier que vous les avez bien retenus.

lunes lounès	*lundi*	
martes martès	*mardi*	
miércoles miercolès	*mercredi*	
jueves rhouèbès	*jeudi*	**Nos reunimos mañana.** nos réounimos magnana *On a une réunion demain.*
viernes biernès	*vendredi*	
sábado sabado	*samedi*	
domingo domingo	*dimanche*	
hoy oï	*aujourd'hui*	
mañana magnana	*demain*	 **Tengo una reserva para hoy.** tengo ouna réserba para oï *J'ai une réservation pour aujourd'hui.*
ayer ayer	*hier*	

3   Les phrases utiles : les jours

Répétez les phrases suivantes, puis rabattez le cache pour vérifier que vous les avez bien retenues.

La reunión no es el martes. la réounion no es el martès	*La réunion n'est pas mardi.*	
Trabajo los domingos. trabarho los domingos	*Je travaille le dimanche.*	

4 Les mots à retenir : les mois de l'année

Familiarisez-vous avec les mots suivants, puis rabattez le cache pour
vérifier que vous les avez bien retenus.

janvier	**enero** énéro
février	**febrero** fébréro
mars	**marzo** martho
avril	**abril** abril
mai	**mayo** mayo
juin	**junio** rhounio
juillet	**julio** rhoulio
août	**agosto** agosto
septembre	**septiembre** septiembré
octobre	**octubre** octoubré
novembre	**noviembre** nobiembré
décembre	**diciembre** dithiembré
mois	**el mes** el mès
année	**el año** el agno

**Nuestro aniversario
es en julio.**
nuestro anibersario es
en rhoulio
*Notre anniversaire est
en juillet.*

**Navidad es en
diciembre.**
Nabidad es en
dithiembré
Noël est en décembre.

5 Les phrases utiles : les mois

Répétez les phrases suivantes, puis rabattez le cache pour vérifier
que vous les avez bien retenues.

	*Mes enfants sont en
vacances en août.*	**Mis hijos están de
vacaciones en
agosto.** mis hirhos estan dé
bacathionés en agosto
	*Mon anniversaire est
en juin.*	**Mi cumpleaños es
en junio.** mi coumpleagnos és en
rhunio

1 S'échauffer

Comptez jusqu'à dix.
(pp. 10-11)

Dites « J'ai une
réservation».
(pp. 20-21)

Dites « C'est mercredi,
la réunion ». (pp. 28-29)

La hora y los números
L'heure et les nombres

L'heure est introduite par **la** pour **la una** (une heure) et par **las** pour les autres chiffres : **las dos**, **las tres**, etc.

---

2 Les mots à retenir : l'heure

Apprenez comment dire l'heure en espagnol.

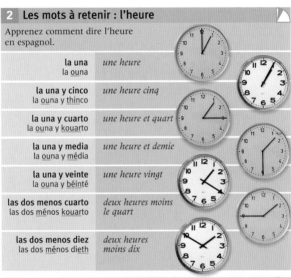

la una la <u>ou</u>na	*une heure*
la una y cinco la <u>ou</u>na y <u>th</u>inco	*une heure cinq*
la una y cuarto la <u>ou</u>na y <u>kou</u>arto	*une heure et quart*
la una y media la <u>ou</u>na y <u>mé</u>dia	*une heure et demie*
la una y veinte la <u>ou</u>na y <u>béinté</u>	*une heure vingt*
las dos menos cuarto las dos <u>mé</u>nos <u>kou</u>arto	*deux heures moins le quart*
las dos menos diez las dos <u>mé</u>nos <u>dieth</u>	*deux heures moins dix*

---

3 Les phrases utiles

Répétez les phrases suivantes, puis rabattez le cache pour vérifier que vous les avez bien retenues.

¿Qué hora es? ké <u>ora</u> es	*Quelle heure est-il ?*
¿A qué hora quiere el desayuno? a ké <u>ora</u> kiéré el dessa<u>you</u>no	*À quelle heure voulez-vous le petit-déjeuner ?*
La reunión es a mediodía. la <u>réou</u>nion es a <u>médio</u>dia	*La réunion est à midi.*

4 Les mots à retenir : les nombres

Pour dire 21, ajoutez **uno** à **veinté** : **veintiuno.** 22, 23, etc. se construisent de la même manière : **veintidós, veintitrés,** etc. Après trente, ajoutez **y** (*et*) entre les dizaines et les unités : **treinta y uno** (31), **cuarenta y cinco** (45), **sesenta y seis** (66).

Notez la forme particulière de 500, 700 et 900 : **quinientos, setecientos** et **novecientos.**

Quiero el autobús cincuenta y tres.
kiéro el aouto<u>bous</u>
think<u>ouen</u>ta i très
Je veux le bus 53.

5 Dites-le

vingt-cinq

soixante-huit

quatre-vingt-quatre

quatre-vingt-onze

dix heures moins cinq

onze heures et demie

À quelle heure est le déjeuner ?

onze	**once**	on<u>thé</u>
douze	**doce**	do<u>thé</u>
treize	**trece**	trè<u>thé</u>
quatorze	**catorce**	ka<u>torthé</u>
quinze	**quince**	kin<u>thé</u>
seize	**dieciséis**	diéthis<u>éis</u>
dix-sept	**diecisiete**	diéthis<u>iété</u>
dix-huit	**dieciocho**	diéthi<u>otcho</u>
dix-neuf	**diecinueve**	diéthin<u>ouè</u>vé
vingt	**veinte**	<u>béin</u>té
trente	**treinta**	<u>tréin</u>ta
quarante	**cuarenta**	koua<u>ren</u>ta
cinquante	**cincuenta**	think<u>ouen</u>ta
soixante	**sesenta**	ses<u>sen</u>ta
soixante-dix	**setenta**	sé<u>ten</u>ta
quatre-vingt	**ochenta**	ot<u>chen</u>ta
quatre-vingt-dix	**noventa**	no<u>ben</u>ta
cent	**cien**	thien
deux cents	**doscientos**	dos<u>thien</u>tos
cinq cents	**quinientos**	kin<u>ien</u>tos
mille	**mil**	mil
deux mille	**dos mil**	dos mil
un million	**un millón**	oun mi<u>yon</u>

1 S'échauffer

Dites les jours de la semaine. (pp. 28-29)

Dites « trois heures ». (pp. 30-31)

Comment dit-on « aujourd'hui », « demain » et « hier » ? (pp. 28-29)

Las citas
Les rendez-vous

Dans les relations d'affaires, vouvoyez toujours votre interlocuteur (**usted, ustedes**). En Espagne, la pause du midi est souvent plus longue qu'en France et les Espagnols prennent généralement le temps d'aller déjeuner au restaurant.

2 Les phrases utiles

Lisez les phrases suivantes, puis rabattez le cache et faites appel à votre mémoire.

¿Nos reunimos mañana? nos réóunimos magnana	*On a une réunion demain ?*
¿Con quién? con kien ?	*Avec qui ?*
¿Cuándo está libre? kwando esta libré	*Quand êtes-vous disponible ?*
Lo siento, estoy ocupado(-a). lo siento, estoï ocoupado/a	*Je suis désolé/e, je suis pris/e.*
¿Qué tal el jueves? ké tal el rhouébès	*Ça va, jeudi ?*
A mí me va bien. a mi mé ba bien	*Pour moi, c'est bon.*

el apretón de manos
 el aprèton dé manos
 poignée de main

Bienvenido.
 bienvénido
 Bienvenue.

3 En conversation

Buenos días. Tengo una cita.
 bouénos dias. tengo ouna thita

Bonjour. J'ai rendez-vous.

¿Con quién es la cita?
 con kien es la thita

Avec qui avez-vous rendez-vous ?

Con el Señor Montoya.
 con el ségnor montoya

Avec M. Montoya.

4 Mettez en pratique

Répétez les phrases suivantes. Puis rabattez le cache sur le texte de droite et répondez à la question en espagnol. Vérifiez votre réponse et répétez si nécessaire.

¿Nos reunimos el jueves?
nos réounimos el rhouèvès
On se voit jeudi ?

Dites : Désolé, je suis pris.

Lo siento, estoy ocupado(a).
lo siento, estoï ocoupado

¿Cuándo está libre?
kouando esta libré
Quand êtes-vous disponible ?

Dites : Mardi après-midi.

El martes por la tarde.
el martès por la tardé

A mí me va bien.
a mi mé va bien
Pour moi, c'est bon.

Demandez : À quelle heure ?

¿A qué hora?
a ké ora

A las cuatro, si a usted le va bien.
a las kouatro, si a ousted le va bien
À quatre heures, si ça vous convient.

Dites : C'est bon pour moi.

Sí, me va bien.
si, mé ba bien

Muy bien. ¿A qué hora?
moui bien, a ké ora

Très bien, à quelle heure ?

A las tres, pero llego un poco tarde.
a las très, péro yégo oun poco tardé

À trois heures, mais je suis un peu en retard.

No se preocupe. Tome asiento, por favor.
no sé préocoupé. tomé assiento, por fabor

Ne vous inquiétez pas. Asseyez-vous, s'il vous plaît.

1 S'échauffer

Dites « Je suis désolé ».
(pp. 32-33)

Comment dit-on « Je
voudrais un rendez-
vous » ? (pp. 32-33)

Comment dit-on
« quand » ?
(pp. 32-33)

Por teléfono
Au téléphone

Le 112 vous permet d'appeler la police,
une ambulance ou les pompiers. Pour
les renseignements, composez le 11818.
Vous pouvez utiliser les cartes prépayées
d'un téléphone public ou privé qui
vous permettent d'appeler l'étranger
à moindre coût.

2 Faites correspondre et répétez

Faites correspondre les objets ci-dessous à
leurs équivalents espagnols. Puis refaites
l'exercice avec le cache.

1 **el cargador**
el cargador

chargeur ❶

2 **el contestador
automático**
el contestador
aoutomatico

3 **la tarjeta
telefónica**
la tarhèta
téléfonica

4 **el móvil**
el mobil

5 **los auriculares**
los aouricoularès

*téléphone
portable* ❹

carte téléphonique ❸

écouteurs ❺

3 En conversation

**Dígame, Susana
Castillo al habla.**
digamé, sousana castiyo
al abla

*Allô ? Susana Castillo
à l'appareil.*

**Buenos días. Quisiera
hablar con Julián
López, por favor.**
bouénos dias. kissiéra
ablar con rhoulian
lopeth, por fabor

*Bonjour. Je voudrais
parler à Julian Lopez,
s'il vous plaît.*

¿De parte de quién?
dé parté dé kien

De la part de qui ?

4 Phrases utiles

Exercez-vous à dire les phrases suivantes. Puis rabattez le cache et faites appel à votre mémoire.

Quisiera una línea externa.
kissiéra ouna linéa eksterna

Je voudrais une ligne extérieure.

Quiero llamar a cobro revertido.
kiéro yamar a cobro rébertido

Je voudrais appeler en PCV.

Quisiera hablar con María Alfaro.
kissiéra ablar con maria alfaro

Je voudrais parler à Mariá Alfaro.

2 *répondeur*

¿Puedo dejar un mensaje?
pouédo derhar oun menssarhé

Puis-je laisser un message ?

5 Dites-le

Je voudrais parler à M. Girona.

Puis-je laisser un message pour Antonio ?

Excusez-moi, je me suis trompé de numéro.

Perdone, me he equivocado de número.
perdoné, mé é ékibocado dé nouméro

José Ortega, de Imprentas Lacuesta.
rhosé ortéga, dé imprentas lakouesta

José Ortega de l'imprimerie Lacuesta.

Lo siento. La línea está comunicando.
lo siento. La linéa está comunicando

Je suis désolée, la ligne est occupée.

¿Le puede decir que me llame, por favor?
lé pouédé déthir ké mé yamé por fabor

Vous pouvez lui dire de me rappeler s'il vous plaît ?

Repase y repita
Révisions

1 Calcul

1 **dieciséis**
   diéthiséis

2 **treinta y nueve**
   treinta i nouébé

3 **cincuenta y tres**
   thinkouenta i très

4 **setenta y cuatro**
   sétenta i kouatro

5 **noventa y nueve**
   noventa i nouébé

1 Calcul

Donnez le résultat
des additions
suivantes en
espagnol. Puis,
refaites l'exercice
avec le cache.

1 $10 + 6 = ?$

2 $14 + 25 = ?$

3 $66 - 13 = ?$

4 $40 + 34 = ?$

5 $90 + 9 = ?$

3 Téléphones

Comment se disent les
objets suivants en espagnol

❶ téléphone
   portable

carte ❸
téléphonique

2 Je veux

1 **Quiere**
   kiéré

2 **quiere**
   kiéré

3 **queremos**
   kérémos

4 **quieres**
   kiérès

5 **quieren**
   kiéren

6 **quiero**
   kiéro

2 Je veux

Remplissez les
blancs avec la
forme correcte de
querer (*vouloir*).

1 ¿ _____ usted un
   café?

2 Ella _____ ir de
   vacaciones.

3 **Nosotros** _____ una mesa para tres.

4 **Tú** _____ una cerveza.

5 **Ellos** _____ una mesa para dos.

6 **Yo** _____ caramelos.

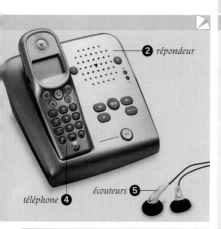

répondeur ❷

téléphone ❹ *écouteurs* ❺

3 Téléphones

1 **el móvil**
el mobil

2 **el contestador automático**
el contestador aoutomatico

3 **la tarjeta telefónica**
la tarhèta téléfonica

4 **el teléfono**
el teléfono

5 **los auriculares**
los aouricoularès

4 Quand

Que veulent dire le phrases suivantes ?

1 Tengo una cita el lunes veinte de mayo.

2 Mi cumpleaños es en septiembre.

3 Hoy es domingo.

4 No trabajo en agosto.

4 Quand

1 *J'ai une réunion le lundi 20 mai.*

2 *Mon anniversaire est en septembre.*

3 *Aujourd'hui, c'est dimanche.*

4 *Je ne travaille pas en août.*

5 L'heure

Dites l'heure en espagnol.

5 L'heure

1 **la una**
la ouna

2 **la una y cinco**
la ouna i thinco

3 **la una y veinte**
la ouna i béinté

4 **la una y media**
la ouna i média

5 **la una y cuarto**
la ouna i kouarto

6 **las dos menos diez**
las dos ménos dieth

En la oficina de billetes
Au guichet

Les trains de banlieue espagnols offrent un excellent rapport qualité-prix. Le coût du billet varie en fonction du jour où vous voyagez, la période bleue offrant les prix les plus intéressants.

2 Les mots à retenir

Apprenez les mots suivants et vérifiez que vous les avez bien retenus.

la estación la esta<u>th</u>ion	*gare*
la terminal la terminal	*station de bus*
el billete el biyètè	*billet*
de ida dé <u>i</u>da	*aller simple*
de ida y vuelta dé ida i <u>vouel</u>ta	*aller-retour*
de primera dé priméra	*première classe*
de segunda dé sé<u>gou</u>nda	*seconde classe*
el descuento el des<u>kou</u>ento	*réduction*

el pasajero
el passarhéro
passager

la señal
la segnal
panneau

La estación está llena de gente.
la esta<u>th</u>ion esta <u>yè</u>na dé <u>rh</u>enté
La gare est bondée.

3 En conversation

Dos billetes para Bilbao, por favor.
dos bi<u>yè</u>tès <u>pa</u>ra bil<u>bao</u>, por fa<u>vor</u>

Deux billets pour Bilbao, s'il vous plaît.

¿De ida y vuelta?
dé ida i <u>vouel</u>ta

Aller-retour ?

Si.¿Necesito reservar asiento?
si. né<u>th</u>essito réser<u>var</u> as<u>siento</u>

Oui. Dois-je réserver des places ?

4 Phrases utiles

Apprenez les phrases suivantes. Puis rabattez le cache et faites appel à votre mémoire.

	C'est combien un billet pour Madrid ?	**¿Cuánto cuesta un billete para Madrid?** kouanto kouesta oun biyèté para madrid
	Puis-je payer par carte ?	**¿Puedo pagar con tarjeta de crédito?** pouédo pagar con tarhéta dé crédito
Mi tren va con retraso. mi tren va con retracho *Mon train est en retard.*	*Est-ce qu'il faut que je change ?*	**¿Tengo que cambiar?** tengo ké cambiar
el tren **el andén** el tren el anden *train* *quai*	*Le train part de quel quai ?*	**¿De qué andén sale el tren?** dé ké anden salé el tren
	Est-ce qu'il y a des réductions ?	**¿Hay algún descuento?** aï algoun deskouento
	À quelle heure part le train pour Gijón ?	**¿A qué hora sale el tren para Gijón?** a ké ora salé el tren para girhon

5 Dites-le

Le train pour Madrid part de quel quai ?

Trois aller-retour pour Murcie, s'il vous plaît.

Conseil culturel

La plupart des gares sont aujourd'hui équipées de billetteries automatiques qui acceptent le paiement par carte ou en liquide.

No hace falta. Cuarenta euros, por favor.
 no athé falta. kouarenta éouros por favor

Ce n'est pas nécessaire. Ça fait 40 euros.

¿Aceptan tarjetas de crédito?
 atheptan tarhétas dé crédito

Vous acceptez la carte de crédit ?

Si. El tren sale del andén cinco.
 si. el tren salé del anden thinko

Oui. Le train part du quai numéro cinq.

Comment dit-on
« train » en espagnol ?
(pp. 38-39)

Que veut dire « ¿De
que anden sale el
tren? » (pp. 38-39)

Demandez « Quand
êtes-vous disponible ? »
(pp. 32-33)

Ir y coger
Aller et prendre

Ir (*aller*) et **coger** (*prendre*) permettent
de construire beaucoup de phrases
très utiles. **Coger** signifie également
attraper comme dans **coger un resfriado**
(*attraper un rhume*).

2 Ir : aller

Conjuguez le verbe **ir** (*aller*) à voix haute. Puis refaites l'exercice avec
le cache. Quand vous aurez bien mémorisé toutes les formes,
traduisez les deux dernières phrases.

yo voy yo voï	*je vais*
tú vas/usted va tou vas/ousted va	*tu vas/ vous allez (singulier)*
él/ella va él/eya va	*il/elle va*
nosotros(as) vamos nosotros/as vamos	*nous allons*
vosotros(as) vais/ ustedes van vosotros/as vais/	*vous allez (pluriel/vouvoiement)*
ellos/ellas van oustedès van eyos/eyas van	*ils/elles vont*
¿A dónde vas? a dondé vas	*Tu vas où ?*
Voy a Madrid. voï a madrid	*Je vais à Madrid.*

Voy a la Plaza de España.
voï a la platha dé espagna
Je vais place d'Espagne.

Conseil linguistique Peut-être aurez-
vous remarqué que lorsque « de » (de) est
associé à « el », les deux mots deviennent « del »
comme dans « Museo del Prado » ou « el menú
del día ». De la même manière, quand « a » (à)
se combine avec « el », les deux mots
deviennent « al » : « Voy al museo » (Je vais au
musée). Quand « de » est suivi d'un nom au
féminin ou au pluriel, il reste séparé de « la »,
« los » et de « las ».

3 Coger : prendre

Conjuguez le verbe **coger** (*prendre*) à voix haute. Puis refaites l'exercice avec le cache.

Yo cojo el metro todos los días.
yo <u>co</u>rho el <u>mé</u>tro <u>to</u>dos los días
Je prends le métro tous les jours.

yo cojo yo <u>co</u>rho	*je prends*
tú coges/usted coge tou <u>co</u>rhès/<u>ou</u>sted <u>co</u>rhé	*tu prends/vous prenez*
él/ella coge él/<u>e</u>ya <u>co</u>rhé	*il/elle prend*
nosotros(-as) cogemos no<u>so</u>tros/as cor<u>hé</u>mos	*nous prenons*
vosotros(-as) cogéis/ustedes cogen vo<u>so</u>tros/as cor<u>héis</u>/	*vous prenez (pluriel/vouvoiement)*
ellos/ellas cogen ous<u>te</u>dès <u>co</u>rhen <u>e</u>yos/<u>e</u>yas <u>co</u>rhen	*ils/elles prennent*

No quiero coger un taxi. no <u>kié</u>ro cor<u>her</u> oun <u>tak</u>si	*Je ne veux pas prendre un taxi.*

Coja la primera a la izquierda. <u>co</u>rha la pri<u>mé</u>ra a la ith<u>kier</u>da	*Prenez la première à gauche.*

4 Mettez en pratique

Rabattez le cache et complétez le dialogue en espagnol.

¿A dónde va?
a <u>don</u>dé va
Où allez-vous ?

Dites : Je vais à la Puerta del Sol.

Voy a la Puerta del Sol.
voï a la <u>pouer</u>ta del sol

¿Quiere coger el autobús?
<u>kié</u>ré cor<u>her</u> el a<u>ou</u>tobous
Vous voulez prendre le bus ?

Dites : Non, je veux y aller en métro.

No, quiero ir en metro.
no, <u>kié</u>ro ir en <u>mé</u>tro

Taxi, autobús, y metro
Taxi, bus et métro

Validez votre ticket avant de monter dans le bus ou pour prendre le métro. Vous pouvez acheter vos tickets à l'unité ou par carnet de dix (**metrobús**), valables autant pour le bus que le métro.

2 Les mots à retenir

Familiarisez-vous avec les mots suivants.

el autobús el aoutobous	*bus/car*
la taquilla la takiya	*guichet*
la estación de metro la estathion dé métro	*station de métro*
la parada de autobús la parada dé aoutobous	*arrêt de bus*
la tarifa la tarifa	*ticket*
la parada de taxis la parada dé taksis	*station de taxis*

¿Para aquí el 17?
para aki el diéthisiété
*Est-ce que le bus 17
s'arrête ici ?*

3 En conversation : taxi

A la Plaza de España, por favor.
a la platha dé espagna, por fabor

Place d'Espagne, s'il vous plaît.

Sí, de acuerdo, señor.
si, dé akouerdo ségnor

Oui, entendu, monsieur.

¿Me puede dejar aquí, por favor?
mé pouédé dérhar aki, por fabor

Vous pouvez me laisser ici, s'il vous plaît ?

4 Phrases utiles

Apprenez les phrases suivantes. Puis rabattez le cache et faites appel à votre mémoire.

Je voudrais un taxi pour aller au Prado.

Quisiera un taxi para ir al Prado.
kissiéra oun taksi para ir al prado

Le prochain bus passe dans combien de temps ?

¿Cuándo sale el próximo autobús?
kouando salé el proksimo aoutobous

Comment va-t-on au musée ?

¿Cómo se va al museo?
como se ba al mousséo

Le voyage dure combien de temps ?

¿Cuánto dura el viaje?
kouanto doura el biarhé

Attendez-moi, s'il vous plaît.

Espéreme, por favor.
espérémé, por fabor

Conseil culturel On désigne les lignes de métro par leur numéro ou par le nom des deux terminus de la ligne.
Pour savoir quelle direction prendre, cherchez le terminus de la ligne. Le métro fonctionne tous les jours de 6h00 à 2h00 du matin.

6 Dites-le

Vous passez près de la gare ?

Vous passez près du Prado ?

Le prochain car pour Barcelone est à quelle heure ?

5 En conversation : bus

¿Pasa cerca del museo?
passa therca del mousséo

Est-ce que vous passez près du musée ?

Sí. Son 80 céntimos.
Si. son otchenta thentimos

Oui. C'est 80 centimes.

Avíseme cuando lleguemos.
abisémé kouando yéguémos

Prévenez-moi quand on sera arrivé.

En la carretera
En voiture

1 S'échauffer

Comment dit-on
« J'ai... » ? (pp. 14-15)

Dites « mon père » ,
« ma sœur » et
« mes parents ».
(pp. 10-11, 12-13)

Dites « Je vais à
Madrid ». (pp. 40-41)

Si vous n'avez pas de temps à perdre,
prenez les **autopistas** (*autoroutes*)
mais sachez qu'elles restent
relativement chères. Des panneaux de
signalisation annoncent la proximité
du **peaje** (*le péage*) où vous pourrez
régler par carte ou en liquide.

2 Faites correspondre et répétez

Faites correspondre les éléments ci-dessous à leurs équivalents
espagnols. Puis rabattez le cache et faites appel à votre mémoire.

1 **el maletero**
el malétéro

2 **el parabrisas**
el parabrisas

3 **el capó**
el capo

4 **la rueda**
la rouéda

5 **el neumático**
el néoumatico

6 **la puerta**
la pouerta

7 **el parachoques**
el paratchokès

8 **los faros**
los faros

Conseil culturel Dans certaines
stations-service vous devrez vous servir
vous-même en prenant soin d'indiquer au
préalable le nombre de litres que vous
souhaitez et en réglant par carte.

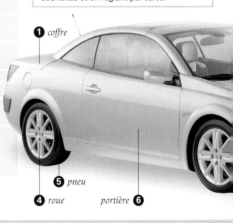

❶ *coffre*

❺ *pneu*

❹ *roue*   *portière* **❻**

3 La route

la rotonda
la rrotonda

rond-point

el semáforo
el sémaforo

feux tricolores

el cruce
el crouthé

carrefour

4 Phrases utiles

Répétez les phrases suivantes, puis refaites l'exercice avec le cache.

Le clignotant ne marche pas.	**El intermitente no funciona.** el intermi<u>te</u>nté no foun<u>thio</u>na
Le plein, s'il vous plaît.	**Lleno, por favor.** <u>ye</u>nno, por fa<u>bor</u>

5 Les mots à retenir

Familiarisez-vous avec les mots suivants. Puis rabattez le cache et faites appel à votre mémoire.

6 Dites-le

J'ai un problème au niveau du moteur.

J'ai un pneu à plat.

essence	**la gasolina** la gaso<u>li</u>na
gas-oil	**el gasoil** el ga<u>soil</u>
huile	**el aceite** el a<u>théi</u>té
moteur	**el motor** el mo<u>tor</u>
boîte de vitesses	**la caja de cambios** la <u>ca</u>rha de <u>cam</u>bios
clignotant	**el intermitente** el intermi<u>ten</u>té
pneu à plat	**la rueda pinchada** la <u>roue</u>da pint<u>cha</u>da
pot d'échappement	**el tubo de escape** el <u>tou</u>bo dé es<u>ca</u>pe
permis de conduire	**el carné de conducir** el car<u>né</u> dé condou<u>thir</u>

2 *pare-brise*

3 *capot*

8 *phares* *pare-chocs* 7

la autopista
la aouto<u>pis</u>ta

autoroute

la autopista de peaje
la aouto<u>pis</u>ta dé <u>pear</u>he

autoroute à péage

el atasco de tráfico
el a<u>tas</u>co de <u>tra</u>fico

embouteillage

Respuestas
Réponses
Rabattez le cache

Repase y repita
Révisions

1 Transport

1 **el autobús**
   el aoutobous

2 **el taxi**
   el taksi

3 **el coche**
   el cotché

4 **la bicicleta**
   la bithiclèta

5 **el metro**
   el métro

1 Transport

Donnez le nom des différents moyens de transport ci-dessous.

bus ❶

métro ❺

2 Aller et prendre

1 **ir**
   ir

2 **cojo**
   corho

3 **va**
   ba

4 **vamos**
   bamos

5 **cogen**
   corhen

6 **voy**
   boï

2 Aller et prendre

Complétez les phrases suivantes avec la conjugaison correcte du verbe entre parenthèses.

1 Quiero ____ a la estación. (ir)

2 Yo ____ el metro. (coger)

3 ¿A dónde ____ usted? (ir)

4 Nosotros ____ al Museo del Prado. (ir)

5 Ellos ____ (coger) un taxi.

6 Yo ____ (ir) a Madrid.

2 taxi

3 voiture

4 bicyclette/
vélo

3 Tu ou vous ?

Utilisez le « tu » ou
le « vous ».

1 *Demandez « Avez-
vous des churros ?»*

2 *Demandez « Tu
veux une bière ?»*

3 *Demandez « Avez-
vous un rendez-
vous ?»*

4 *Demandez
« Passez-vous près
de la gare ?»*

5 *Demandez
« Tu vas où
demain ?»*

3 Tu ou vous ?

1 ¿Tiene churros?
tiéné tchourros

2 ¿Quieres una
cerveza?
kiérès ouna
cerbètha

3 ¿Tiene una cita?
tiéné ouna thita

4 ¿Pasa cerca de la
estación?
passa therca dé la
estathion

5 ¿A dónde vas
mañana?
a dondé bas
magnana

4 Billets

Vous achetez des billets à la gare. Traduisez
les phrases en français.

¿Qué desea?
1 *Je voudrais deux billets pour Séville.*

¿De ida o de ida y vuelta?
2 *Aller-retour, s'il vous plaît.*

Muy bien. Cincuenta euros, por favor.
3 *Le train part à quelle heure ?*

A las tres y diez.
4 *Le train part de quel quai ?*

**Andén número
siete.**
5 *Merci beaucoup
Au revoir.*

4 Billets

1 **Quisiera dos
billetes para
Sevilla.**
kissiéra dos
biyètès para
séviya

2 **De ida y vuelta,
por favor.**
dé ida i bouelta,
por fabor

3 **¿A qué hora sale
el tren?**
a ké ora salé el
tren

4 **¿De qué andén
sale el tren?**
dé ké anden salé
el tren

5 **Muchas gracias.
Adiós.**
moutchas
grathias. adios

1 S'échauffer

Dites « Comment va-t-on au musée ? » (pp. 42-43)

Dites « Je veux prendre le métro. » et « Je ne veux pas prendre de taxi ». (pp. 40-41)

En la ciudad
En ville

Notez que le mot espagnol **museo** désigne tout autant le musée que l'exposition lorsque celle-ci se déroule dans un édifice public. Une **galería de arte** est un magasin qui vend des œuvres d'art. La **librería** (*librairie*) veut également dire bibliothèque (le meuble).

2 Faites correspondre et répétez

Faites correspondre les lieux ci-dessous à leurs équivalents espagnols.

1 **el ayuntamiento**
el ayunta<u>mien</u>to

2 **el puente**
el <u>pouen</u>té

3 **el centro**
el <u>then</u>tro

4 **la iglesia**
la i<u>glé</u>sia

5 **la plaza**
la <u>pla</u>tha

6 **el aparcamiento**
el aparca<u>mien</u>to

7 **la biblioteca**
la biblio<u>tèca</u>

8 **el museo**
el mous<u>sé</u>o

❶ *mairie*

centre ❸

église ❹

❷ *pont*

❺ *place*

3 Les mots à retenir

Familiarisez-vous avec les mots suivants. Puis rabattez le cache et faites appel à votre mémoire.

la gasolinera la gasoli<u>nè</u>ra	*station-service*
la oficina de información turística la ofi<u>thi</u>na de informa<u>thion</u> tou<u>ris</u>tica	*office du tourisme*
la piscina municipal la pis<u>thi</u>na mouni<u>thi</u>pal	*piscine municipale*

❼ *bibliothèque*

Conseil linguistique En Espagnol, il existe deux verbes « être ». Nous avons déjà vu le verbe « ser » (p. 14) : « soy francés » (je suis Français) ou « es vegetariano » (il est végétarien). Quand on parle de l'endroit où se trouve quelqu'un ou quelque chose, on utilise le verbe « estar ». Les conjugaisons qui vous seront les plus utiles sont : « estoy » (je suis), « está » (il/elle est) et « están » (ils/elles sont) : « ¿Donde está la iglesia? » (Où est l'église ?) ; « El café no está lejos. » (Le café n'est pas loin.)

4 Phrases utiles

Répétez les phrases suivantes, puis refaites l'exercice avec le cache.

Y a-t-il un musée en ville ?	**¿Hay algún museo de arte en la ciudad?** aï al<u>goun</u> mous<u>sé</u>o de <u>ar</u>te en la thiou<u>dad</u>	
C'est loin d'ici ?	**¿Está lejos de aquí?** esta <u>ler</u>hos de a<u>ki</u>	
Il y a une piscine près du pont.	**Hay una piscina cerca del puente.** aï <u>ouna</u> pis<u>thina</u> <u>ther</u>ca del <u>pouen</u>té	

La catedral está en el centro. la ca<u>té</u>dral esta en el <u>then</u>tro *La cathédrale est dans le centre.*

5 Mettez en pratique

Prenez part à la conversation. Lisez l'espagnol à gauche et suivez les instructions en français pour formuler votre réponse en espagnol. Puis refaites l'exercice avec le cache.

¿Le puedo ayudar? lé pou<u>é</u>do ayou<u>dar</u> ? *Je peux vous aider ?*	**¿Hay alguna biblioteca en la ciudad?** aï al<u>gouna</u> biblio<u>tèca</u> en la thiou<u>dad</u>
Demandez : Y a-t-il une bibliothèque en ville ?	
No, pero hay un museo. no, <u>pé</u>ro aï oun mous<u>sé</u>o *Non, mais il y a un musée.*	**¿Cómo se va al museo?** <u>como</u> se ba al mous<u>sé</u>o
Demandez : Comment va-t-on au musée ?	
Está por allí. es<u>ta</u> por a<u>yi</u> *C'est là-bas.*	**Muchas gracias.** <u>moutchas</u> gra<u>thias</u>
Dites : Merci beaucoup.	

6 *parking*

8 *musée*

Las direcciones
S'orienter

1 S'échauffer

Comment dit-on « près de la gare » ?
(pp. 42-43)

Dites « Prenez la première à gauche ».
(pp. 40-41)

Demandez « Où allez-vous ? » (pp. 40-41)

Vous trouverez un plan de la ville (**mapa de la ciudad**) près de la mairie ou de l'office du tourisme. Dans le quartier historique, les rues sont souvent étroites et la circulation se fait généralement en sens unique. Le stationnement y est souvent limité.

2 Phrases utiles

Répétez les phrases suivantes, puis refaites l'exercice avec le cache.

Tuerza a la izquierda/derecha. touertha a iskierda/dérètcha	*Tournez à gauche/droite.*
todo recto todo rrecto	*Tout droit.*
¿Cómo se va a la piscina? como se ba a la pisthina	*Comment va-t-on à la piscine ?*
la primera a la derecha la primera a la dérètcha	*Première à droite.*
la segunda a la izquierda la ségounda a la iskierda	*Deuxième à droite.*

el bloque de oficinas
el bloké dé ofithinas
immeuble de bureaux

la fuente
la fouenté
fontaine

3 En conversation

¿Hay un restaurante en la cuidad?
aï oun restaourante en la thioudad

Y a-t-il un restaurant près d'ici ?

Sí, cerca de la estación.
si, therca dé la estathion

Oui, près de la gare.

¿Cómo se va a la estación?
como se ba a la estathion

Comment va-t-on à la gare ?

4 Les mots à retenir

Répétez les mots suivants, puis refaites l'exercice avec le cache.

Me he perdido.
mé é perdido
Je suis perdu.

feux	**el semáforo** el sémaforo	
coin	**la esquina** la eskina	
rue/route	**la calle** la cayé	
route principale	**la calle principal** la cayé printhipal	
au bout de la rue	**al final de la calle** al final de la cayé	
plan	**el plano** el plano	
échangeur	**el paso elevado** el passo élébado	
en face de	**enfrente de** enfrenté dé	

el centro deportivo
el thentro déportibo
centre sportif

**la zona
peatonal**
la thona péatonal
zone piétonne

¿Dondé estamos?
dondé estamos
Où sommes-nous ?

5 Dites-le

Tournez à droite au
bout de la rue.

Tournez à gauche en
face du musée.

C'est à dix minutes en
bus.

**Tuerza a la izquierda
en el semáforo.**
touertha a la ithquierda
en el sémaforo

*Tournez à gauche au
feu.*

¿Está lejos?
esta lerhos

C'est loin ?

**No, cinco minutos
andando.**
no, thinko minoutos
andanto

*Non, cinq minutes à
pied.*

1 S'échauffer

Dites les jours de la semaine en espagnol. (pp. 28-29)

Comment dit-on « six heures » ? (pp. 30-31)

Demandez « Quelle heure est-il ? » (pp. 30-31)

El turismo
Le tourisme

La plupart des musées nationaux et des galeries sont fermés le lundi. Les magasins sont en général fermés le dimanche, sauf dans les quartiers touristiques. En province, les édifices publics et les magasins sont souvent fermés entre 14h00 et 16h00.

2 Les mots à retenir

Répétez les mots ci-dessous. Puis refaites l'exercice avec le cache.

la guía la guia	*guide*
la entrada la entrada	*entrée, billet*
el horario de apertura el orario dé apertoura	*horaires d'ouverture*
el día festivo el dia festibo	*jour férié*
entrada libre entrada libré	*entrée libre*

la visita con guía
la bisita con guia
visite guidée

Conseil culturel Si un jour férié tombe un jeudi ou un mardi, les Espagnols font souvent le pont, « hacer puente ».

---

3 En conversation

¿Abren esta tarde?
abren esta tardé

Vous êtes ouvert, cet après-midi ?

Sí, pero cerramos a las cuatro.
si, péro cerramos a las kouatro.

Oui, mais nous fermons à quatre heures.

¿Tienen acceso para sillas de ruedas?
tiénen aksesso para sillas dé rouèdas

Y a-t-il un accès pour fauteuils roulants ?

4 Phrases utiles

Apprenez les phrases suivantes. Puis refaites l'exercice avec le cache.

À quelle heure ouvrez/fermez-vous ?

¿A qué hora abre/cierra?
a ké ora abré/cierra

Où sont les toilettes ?

¿Dónde están los servicios?
dondé estan los serbithios

Y a-t-il un accès pour fauteuils roulants ?

¿Hay acceso para sillas de ruedas?
aï aksesso para sillas dé rouèdas

5 Mettez en pratique

Rabattez le cache et complétez le dialogue en espagnol.

Lo siento, el museo está cerrado.
lo siento. el mousséo esta therrado
Désolé. Le musée est fermé.

Demandez : Vous êtes ouvert le mardi ?

¿Abren los martes?
abren los martès

Sí, pero cerramos temprano.
si, pèro therramos temprano
Oui, mais on ferme tôt.

Demandez : À quelle heure ?

¿A qué hora?
a ké ora

Sí, el ascensor está allí.
si, el asthensor esta ayi

Oui, il y a un ascenseur là-bas.

Gracias, quisiera cuatro entradas.
grathias. kissiéra kouatro entradas

Merci. Je voudrais quatre entrées.

Aquí tiene, y la guía es gratis.
aki tiéné, i la guia es gratis

Tenez, et le guide est gratuit.

1 S'échauffer

Dites « une heure et demie ». (pp. 30-31)

Comment dit-on « billet » en espagnol ? (pp. 38-39)

Dites « Je vais à New York ». (pp. 40-41)

En el aeropuerto
À l'aéroport

Si l'aéroport est souvent un univers bilingue, nous vous conseillons cependant de retenir quelques mots et expressions en espagnol, surtout si vous ne parlez pas anglais. Assurez-vous que vous avez quelques pièces de un euro au cas où vous en auriez besoin pour les chariots à bagages.

2 Les mots à retenir

Répétez les mots ci-dessous. Puis refaites l'exercice avec le cache.

la facturación a factourathion	*enregistrement (des bagages)*
las salidas las salidas	*départs*
las llegadas las yégadas	*arrivées*
la aduana la adouana	*douane*
el control de pasaportes el control dé passaportès	*contrôle des passeports*
la terminal la terminal	*terminal*
la puerta de embarque la pouerta dé embarké	*porte d'embarquement*

¿Cuál es la puerta de embarque para el vuelo veintitrés?
koual es la pouerta dé embarké para el buélo béintitrès
C'est quelle porte d'embarquement pour le vol 23 ?

3 Phrases utiles

Répétez les phrases suivantes, puis refaites l'exercice avec le cache.

¿Sale a su hora el vuelo para Sevilla? salé a sou ora el bouélo para sébiya	*Le vol pour Séville est-il à l'heure ?*
No encuentro mi equipaje. no enkouentro mi ékiparhé	*Je ne trouve pas mes bagages.*

4 Mettez en pratique

Prenez part à la conversation. Lisez l'espagnol à gauche puis formulez votre réponse en espagnol selon les instructions données en français. Puis, refaites l'exercice avec le cache.

Hola, ¿le puedo ayudar?
ola. le pouédo ayoudar
Bonsoir. Je peux vous aider ?

Demandez : Le vol pour Madrid est-il à l'heure ?

¿Sale a su hora el vuelo para Madrid?
salé a sou ora el buélo para madrid

Sí señor.
si, ségnor
Oui, monsieur.

Demandez : C'est quelle porte d'embarquement ?

¿Cuál es la puerta de embarque?
koual es la puerta dé embarké

5 Faites correspondre et répétez

Faites correspondre les objets suivants à leurs équivalents espagnols (à gauche). Puis refaites l'exercice avec le cache.

carte d'embarquement ❶

comptoir d'enregistrement ❷

billet ❸

passeport ❹

❺ valise ❻ bagage à main ❼ chariot

1 **la tarjeta de embarque**
la tarhéta dé embarké

2 **el mostrador de facturación**
el mostrador dé factourathion

3 **el billete**
el biyèté

4 **el pasaporte**
el passaporté

5 **la maleta**
la maléta

6 **el equipaje de mano**
el ékiparhé dé mano

7 **el carrito**
el carrito

Respuestas
Réponses
Rabattez le cache

Repase y repita
Révisions

1 Les lieux

1 **el museo**
el mous**sé**o

2 **el ayuntamiento**
el ayunta**mien**to

3 **el puente**
el **puen**té

4 **la biblioteca**
la biblio**tè**ca

5 **el aparcamiento**
el aparca**mien**to

6 **la catedral**
la ca**té**dral

7 **la plaza**
la **pla**tha

1 Les lieux

Donnez le nom de ces différents lieux en espagnol.

1 *musée* **2** *mairie* **3** *pont*

4 *bibliothèque* **5** *parking* **6** *cathédrale*

7 *place*

2 La voiture

1 **el parabrisas**
el para**bri**sas

2 **el intermitente**
el intermi**ten**té

3 **el capó**
el ca**po**

4 **el neumático**
el né**ou**matico

5 **la puerta**
la **puer**ta

6 **el parachoques**
el para**tcho**kès

2 La voiture

Donnez le nom des différentes parties de la voiture en espagnol.

pare-brise **1**

4 *pneu* **5** *portière*

3 Questions

Posez les questions correspondant aux réponses suivantes

1 **El autobús sale a las ocho.**
el aouto<u>bous</u> <u>sa</u>lé a las <u>o</u>tcho

2 **El café es un euro cincuenta.**
el ca<u>fé</u> es oun <u>é</u>ouro thin<u>kouen</u>ta

3 **No, no quiero vino.**
no, no <u>kié</u>ro <u>bi</u>no

4 **El tren sale del andén cinco.**
el tren <u>sa</u>lé del an<u>den</u> <u>thin</u>co

5 **Nosotros vamos a León.**
no<u>so</u>tros <u>ba</u>mos a <u>lé</u>on

6 **El próximo tren es dentro de quince minutos.**
el <u>pro</u>ksimo tren es <u>den</u>tro de <u>kin</u>thé mi<u>nou</u>tos

3 Questions

1 **¿A qué hora sale el autobús?**
a ké <u>o</u>ra <u>sa</u>lé el aouto<u>bous</u>

2 **¿Cuánto es el café?**
<u>kouan</u>to es el ca<u>fé</u>

3 **¿Quieres vino?**
<u>kié</u>rès <u>bi</u>no

4 **¿De qué andén sale el tren?**
de ké an<u>den</u> <u>sa</u>lé el tren

5 **¿A dónde vais?**
a <u>don</u>dé <u>ba</u>is

6 **¿Cuándo es el próximo tren?**
<u>kouan</u>do es el <u>pro</u>ksimo tren

4 Verbes

Complétez les phrases suivantes avec la forme correcte du verbe entre parenthèses.

1 **Yo _____ inglés.** (ser)

2 **Nosotros _____ el metro.** (coger)

3 **Ella _____ a Marbella.** (ir)

4 **Él _____ casado.** (estar)

5 **¿Tú _____ un té?** (querer)

6 **¿Cuántos niños _____ usted?** (tener)

4 Verbes

1 **soy**
soï

2 **cogemos**
cor<u>hé</u>mos

3 **va**
ba

4 **está**
es<u>ta</u>

5 **quieres**
<u>kié</u>rès

6 **tiene**
<u>tié</u>né

2 *clignotant*

3 *capot*

6 *pare-chocs*

1 S'échauffer

Demandez « Vous acceptez les cartes de crédit ? » (pp. 38-39)

Demandez « C'est combien ? » (pp. 18-19)

Demandez « Vous avez des enfants ? » (pp. 12-13)

Reservar una habitación
Réserver une chambre

Pour vous loger en Espagne, vous avez le choix entre **el hotel**, du 1 au 5 étoiles, **la pensíon**, petite pension de famille, **el hostal**, simple mais bon marché, et **el parador**, monument historique aménagé.

2 Phrases utiles

Répétez les phrases suivantes, puis refaites l'exercice avec le cache.

¿El desayuno está incluido? el dessayouno esta inclouido	*Le petit-déjeuner est-il compris ?*	
¿Aceptan animales de compañía? atheptan animales de compagnia	*Vous acceptez les animaux domestiques ?*	
¿Tienen servicio de habitaciones? tiénen serbithio de abitathionès	*Il y a le service dans les chambres ?*	
¿A qué hora tengo que dejar la habitación? a ké ora tengo ké dérhar la abitathion	*À quelle heure dois-je quitter la chambre ?*	

3 En conversation

¿Tiene habitaciones libres?
tiéné abitathionès librès

Vous avez une chambre ?

Sí, una habitación doble.
si, ouna abitathion doblé

Oui, une chambre double.

¿Tiene una cuna?
tiéné ouna couna

Auriez-vous un lit d'enfant ?

4 Les mots à retenir

Répétez les mots ci-dessous. Puis refaites l'exercice avec le cache.

¿Tiene la habitación vistas al parque?
tiéné la abitathion vistas al parké
La chambre donne sur le parc ?

5 Dites-le

Avez-vous une chambre simple, s'il vous plaît ?

Pour six nuits.

Le petit-déjeuner est compris ?

chambre	**la habitación** la abitathion
chambre simple	**la habitación individual** la abitathion indibidoual
chambre double	**la habitación doble** la abitathion <u>doblé</u>
salle de bains	**el cuarto de baño** el <u>kouarto</u> dé <u>bagno</u>
douche	**la ducha** la doutcha
petit-déjeuner	**el desayuno** el dessa<u>you</u>no
clé	**la llave** la <u>ya</u>bé
balcon	**el balcón** el bal<u>con</u>
air conditionné	**el aire acondicionado** el aïré acondi<u>thiona</u>do

Conseil culturel Les grands hôtels et les paradors sont les seuls hôtels à servir le petit-déjeuner qui n'est en général pas compris dans le prix de la chambre. Si votre hôtel ne sert pas le petit-déjeuner, vous n'aurez en général aucun mal à trouver un café à proximité.

Sí, claro. ¿Cuántas noches?
si, <u>claro</u>. kouantas notchès

Bien sûr. Pour combien de nuits ?

Para tres noches.
para très <u>not</u>chès

Pour trois nuits.

Muy bien. Aquí tiene la llave.
moui bien. <u>aki</u> tiéné la <u>ya</u>bé

Très bien. Voici la clé.

1 S'échauffer

Dites « Y a-t-il...? » et
« Il n'y a pas...? »
(pp. 48-49)

Que veut dire « ¿Le
puedo ayudar? »
(pp. 54-55)

En el hotel
À l'hôtel

Si dans la majorité des grands hôtels,
les chambres ont leurs propres salle de
bains, dans certaines **pensiones** et
hostales, vous devrez la partager avec
d'autres. Pensez également à amener
vos serviettes, car dans ce type
d'hôtel, elles sont rarement fournies.

2 Faites correspondre et répétez

Faites correspondre les éléments ci-dessous à leurs équivalents
espagnols. Puis refaites l'exercice avec le cache.

1 **la mesilla de
noche**
la me*ss*iya de
no*tch*é

2 **la lámpara**
la *lamp*ara

3 **el equipo de
música**
el *ék*ipo de *mous*ica

4 **las cortinas**
las cor*t*inas

5 **el sofá**
el so*f*a

6 **la almohada**
la almo*ad*a

7 **el cojín**
el cor*hin*

8 **la cama**
la *c*ama

9 **la colcha**
la *colt*cha

10 **la manta**
la *mant*a

1 *table de chevet*

2 *lampe*

3 *chaîne stéréo*

4 *rideaux*

5 *canapé*

6 *oreiller*

7 *coussin*

8 *lit*

9 *couvre-lit*

10 *couverture*

Conseil culturel Dans les chambres doubles,
vous trouverez en général un traversin à la place de
deux oreillers sur « la cama de matrimonio »
(lit matrimonial). Si vous ne souhaitez pas partager
votre lit ou votre oreiller, demandez « una habitación
doble con dos camas » (chambre double à deux lits).

3 Phrases utiles

Répétez les phrases suivantes, puis refaites l'exercice avec le cache.

Il fait trop froid/chaud dans la chambre.

Hace demasiado frío/calor en la habitación.
athé démassiado frio/calor en la abitathion

Il n'y a pas de serviettes.

No hay toallas.
no aï toayas

Il me faut du savon.

Necesito jabón.
néthessito rhabon

La douche ne marche pas.

La ducha no funciona.
la doutcha no founthiona

L'ascenseur est en panne.

El ascensor está roto.
el asthensor esta rroto

4 Mettez en pratique

Rabattez le cache et complétez le dialogue en espagnol.

¿Le atienden?
lé atienden
Je peux vous aider ?

Dites : Il me faut des oreillers.

Necesito almohadas.
néthessito almoadas

La camarera se las llevará.
la camaréra se las yébara
La femme de chambre va vous en apporter.

Dites : Et la télévision ne marche pas.

Y la televisión no funciona.
i la télébison no founthiona

1 S'échauffer

Comment dit-on
« Puis-je...? »
(pp. 34-35)

Dites « L'ascenseur
est en panne ».
(pp. 60-61)

Dites « Il me faut des
serviettes ».
(pp. 60-61)

En el cámping
Au camping

Le camping est très apprécié en
Espagne. Vous pourrez vous procurer
une liste des campings de la région où
vous pensez séjourner ainsi que leurs
tarifs dans les offices de tourisme des
environs. Nous vous conseillons de
réserver à l'avance pendant les mois
d'été.

2 Phrases utiles

Répétez les phrases suivantes, puis refaites
l'exercice avec le cache.

¿Dónde está el grifo?
dondé esta el grifo
Où se trouve le robinet ?

¿Puedo alquilar una bicicleta? pouédo alkilar ouna bithiclèta	*Puis-je louer un vélo ?*
¿Es el agua potable? es el agoua potablé	*C'est de l'eau potable ?*
¿Se permiten hoguerras? se permiten oguerras	*Les feux sont-ils autorisés ?*
Las radios están prohibidas. las rradios estan proïbidas	*Les radios sont interdites.*

la oficina
la ofithina
réception

el contenedor de la basura
el conténédor dé la bassoura
poubelle

el doble techo
el doblé tétcho
double-toit

3 En conversation

Necesito una plaza para tres noches.
néthessito ouna platha para très notchès

Je voudrais un emplacement pour trois nuits.

Hay una cerca de la piscina.
aï ouna therca dé la pisthina

Il y en a un près de la piscine.

¿Cuánto cuesta para una roulotte?
kouanto kouesta para ouna rroulot

C'est combien pour une caravane ?

4 Les mots à retenir

Répétez les mots ci-dessous. Puis refaites l'exercice avec le cache.

5 Dites-le

J'ai besoin d'un emplacement pour quatre nuits.

Est-ce que je peux louer une tente ?

Où se trouve la prise électrique ?

los aseos
los asséos
toilettes

el punto de luz
el pounto dé louth
prise électrique

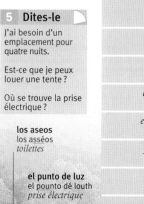

la cuerda
la kouerda
corde

la clavija
la clabirha
piquet

camping	**el cámping** el camping	
tente	**la tienda** la tienda	
caravane	**la roulotte** la rroulot	
camping-car	**la autocaravana** la aoutocarabana	
emplacement	**la plaza** la platha	
feu de camp	**la hoguera** la oguera	
eau potable	**el agua potable** el agoua potablé	
ordures	**la basura** la bassoura	
camping gaz	**el camping-gas** el camping-gas	
douches	**las duchas** las doutchas	
sac de couchage	**el saco de dormir** el saco dé dormir	
matelas pneumatique	**la colchoneta** la coltchonèta	
tapis de sol	**el suelo aislante** el souélo aïslanté	

Cincuenta euros. Una noche por adelantado.
thinkouenta éouros, ouna notchè por adélantado

Cinquante euros, une nuit d'avance.

¿Puedo alquilar una barbacoa?
pouédo alkilar ouna barbacoa

Est-ce que je peux louer un barbecue ?

Sí, pero tiene que dejar una señal.
si péro tiéné ké dérhar ouna ségnal

Oui, mais vous devez verser une caution.

1 S'échauffer

Comment dit-on
« chaud » et « froid » ?
(pp. 60-61)

Comment dit-on
« chambre », « lit »
et « oreiller » ?
(pp. 60-61)

Descriptions
Descriptions

L'adjectif se place en général après le nom et s'accorde en genre et en nombre avec le substantif qu'il qualifie, comme dans **una bebida fría** (une boisson fraîche, *féminin singulier*), un café **fría** (un café froid, *masculin singulier*), **dos bebidas frías** (deux boissons fraîches, *féminin pluriel*).

2 Les mots à retenir

L'adjectif s'accorde en genre et en nombre avec le substantif qu'il qualifie. En général, les adjectifs se terminant par « o » se terminent par « a » au féminin. Mais si l'adjectif se termine par « e » (comme **grande**), il reste tel quel au féminin. Pour le pluriel, ajoutez un « s ».

duro/dura douro/doura	*dur/e*
blando/blanda blando/blanda	*mou/molle*
caliente calienté	*chaud/e*
frío/fría frio/fria	*froid/e*
grande grandé	*grand/e*
pequeño/pequeña pékégno/pékégna	*petit/e*
bonito/bonita bonito/bonita	*beau/belle*
feo/fea féo/féa	*laid/e*
ruidoso/ruidosa rouidoso/rouidosa	*bruyant/e*
tranquilo/tranquila trankilo/trankila	*tranquille*
bueno/buena bouéno/bouéna	*bon/ne*
malo/mala malo/mala	*mauvais/e*
lento/lenta lento/lenta	*lent/e*
rápido/rápida rrapido/rrapida	*rapide*

las montañas altas
las montagnas altas
les hautes montagnes

la tienda pequeña
la tienda
pékégna
le petit magasin

el coche viejo
el koche biého
la vieille voiture

la calle tranquila
la cayé trankila
la rue tranquille

El pueblo es muy bonito.
el pouéblo es moui
bonito
Le village est très beau.

3 Phrases utiles

Vous pouvez intensifier l'adjectif en le faisant précéder de **muy** (*très*), **demasiado** (*trop*) et **más** (*plus*).

Ce café est froid.

Este café está frío.
esté café esta frio

Ma chambre est très bruyante.

Mi habitación es muy ruidosa.
mi abitathion es moui rouidosa

Ma voiture est trop petite.

Mi coche es demasiado pequeño.
mi cotché es démassiado pékégno

Il me faut un lit plus mou.

Necesito una cama más blanda.
néthessito ouna cama mas blanda

4 Mettez en pratique

Rabattez le cache et complétez le dialogue en espagnol. Vérifiez si votre réponse est correcte et répétez si nécessaire.

Ésta es la habitación.
esta es la abitathion
Voici la chambre.

Dites : La vue est très belle.

La vista es muy bonita.
la bista es moui bonita

El cuarto de baño está por ahí.
el kouarto dé bagno es por ayi
La salle de bains est là.

Dites : C'est trop petit.

Es demasiado pequeño.
es démassiado pékégno

No tenemos otra.
no ténémos otra
Nous n'en avons pas d'autres.

Dites : Ce n'est pas grave. Nous gardons la chambre.

No importa. Nos quedamos con la habitación.
no importa. nos kédamos con la abitathion

Repase y repita
Révisions

1 Adjectifs

1 caliente
   calienté

2 pequeña
   pékégna

3 frío
   frio

4 grande
   grandé

5 tranquila
   trankila

1 Adjectifs

Trouvez l'adjectif espagnol et accordez-le en fonction du contexte

1 El agua está demasiado ____ (chaud).

2 La cama es muy ____ (petit).

3 El café está ____ (froid).

4 Este cuarto de baño es más ____ (grand).

5 Quisiera una habitación más ____ (tranquille).

2 Au camping

1 el punto de luz
   el pounto dé louth

2 la tienda
   la tienda

3 el contenedor de la basura
   el conténédor dé la bassoura

4 la cuerda
   la kouerda

5 los aseos
   los asséos

6 la roulotte
   la rroulot

2 Au camping

Donnez le nom des objets suivants.

❶ prise électrique ❸ poubelle
❷ tente
corde ❹

3 À l'hôtel

Vous prenez une chambre dans un hôtel. Suivez les instructions en français et répondez à votre interlocuteur en espagnol.

¿Qué desean?
1 *Vous reste-t-il des chambres ?*

Sí, una habitación doble.
2 *Vous acceptez les animaux domestiques ?*

Sí. ¿Cuántas noches?
3 *Trois nuits.*

Son ciento cuarenta euros.
4 *Le petit-déjeuner est compris ?*

Sí. Aquí tiene la llave.
5 *Merci beaucoup.*

3 À l'hôtel

1 **¿Tiene habitaciones libres?**
tiéné abita<u>thi</u>onès <u>lib</u>rès

2 **¿Aceptan animales de compañía?**
a<u>thep</u>tan ani<u>ma</u>les de compa<u>gni</u>a

3 **Tres noches.**
très <u>notch</u>ès

4 **¿El desayuno está incluido?**
el dessa<u>you</u>no esta inclou<u>i</u>do

5 **Muchas gracias.**
<u>mout</u>chas <u>gra</u>thias

⑤ *toilettes*

⑥ *caravane*

4 La négation

Mettez les phrases suivantes à la forme négative en utilisant la forme correcte du verbe entre parenthèses.

1 Yo _____ hijos. (tener)

2 Ellos _____ a Madrid mañana. (ir)

3 Él _____ un café. (querer)

4 Yo _____ el metro. (coger)

5 La vista _____ muy bonita. (ser)

4 La négation

1 **no tengo**
no <u>ten</u>go

2 **no van**
no ban

3 **no quiere**
no <u>kié</u>ré

4 **no cojo**
no <u>cor</u>ho

5 **no es**
no es

1   S'échauffer

Demandez « Comment va-t-on à la gare ? » (pp. 50-51)

Dites « Tournez à gauche au feu. » et « La gare est en face du café ». (pp. 50-51)

De compras
Les courses

Les petits commerçants sont encore très nombreux en Espagne. Mais vous trouverez des supermarchés et des galeries commerciales à la périphérie des villes. Pour les produits frais n'hésitez pas à aller sur les marchés. Les jours de marché sont disponibles à **la oficinas de informacíon turística** (*l'office du tourisme*).

2   Faites correspondre et répétez

Faites correspondre les magasins ci-dessous à leurs équivalents espagnols. Puis rabattez le cache pour vérifier que vous les avez bien retenus.

1 **la panadería**
   la panadéria

2 **la pastelería**
   la pastéléria

3 **el estanco**
   el estanco

4 **la carnicería**
   la carnicéria

5 **la charcutería**
   la charcoutéria

6 **la librería**
   la libréria

7 **la pescadería**
   la pescadéria

8 **la joyería**
   la rhoyéria

9 **el banco**
   el banco

❶ *boulangerie*

❷ *pâtisserie*

❹ *boucherie*

❺ *charcuterie*

❼ *poissonnerie*

❽ *bijouterie*

Conseil culturel   Pour un simple savon ou tube de dentifrice, allez dans une « droguería » (droguerie) plutôt qu'une « farmacia » (pharmacie). Vous trouverez cigarettes, articles pour fumeurs et timbres dans les « estancos » (bureaux de tabac) et les articles et fournitures de bureau dans les « papelerías ». N'hésitez pas à demander au vendeur de vous faire un papier-cadeau, la plupart des magasins le font gratuitement. Il suffit de demander « ¿Me lo envuelve para regalo? » (Vous pouvez me faire un papier-cadeau ?)

3 Les mots à retenir

Répétez les mots ci-dessous. Puis refaites l'exercice avec le cache.

¿Dónde está la floristería?
<u>don</u>dé es<u>ta</u> la floreestaireeah
Où est le fleuriste ?

❸ *bureau de tabac*

❻ *librairie*

❾ *banque*

quincaillerie	**la ferretería**	la ferrèt<u>e</u>ria
antiquaire	**el anticuario**	el anti<u>c</u>ouario
coiffeur	**la peluquería**	la péloukéria
magasin de fruits et légumes	**la verdulería**	la verdouléria
poste	**la oficina de correos**	la ofi<u>thi</u>na de cor<u>ré</u>os
magasin de chaussures	**la zapatería**	la thapatéria
teinturerie	**la tintorería**	la tintoréria
épicerie	**el ultramarinos**	el oultramarinos

4 Phrases utiles

Familiarisez-vous avec les phrases suivantes.

Où est le coiffeur ?	**¿Dónde está la peluquería?** <u>don</u>dé es<u>ta</u> la péloukéria
Où puis-je payer ?	**¿Dónde se paga?** <u>don</u>dé sé paga
Je regarde seulement, merci.	**Sólo estoy mirando, gracias.** solo estoï mira<u>ndo</u>, grathias
Vous vendez des cartes téléphoniques ?	**¿Tiene tarjetas telefónicas?** tiéné tarhétas téléfonicas
Puis-je en avoir deux ?	**¿Me pone dos de éstos?** mé <u>po</u>né dos dé <u>es</u>tos
Puis-je passer commande ?	**¿Puedo hacer un pedido?** pou<u>é</u>do a<u>ther</u> oun pé<u>di</u>do

5 Dites-le

Où se trouve la banque ?

Vous vendez du fromage ?

Où puis-je payer ?

1 S'échauffer

Comment dit-on « 40, 56, 77, 82 et 94 » en espagnol ? (pp. 10-11 et pp. 30-31)

Dites « Je voudrais une grande chambre ». (pp. 64-65)

Dites « Avez-vous une petite voiture ? » (pp. 64-65)

En el mercado
Au marché

Comme nous, les Espagnols utilisent le système métrique des poids et mesures. Au marché, les produits s'achètent au kilo, en grammes ou à la pièce, **la pieza**, pour les légumes plus gros comme les melons ou les ananas. Les salades sont souvent vendues par lot de deux ou trois.

2 Faites correspondre et répétez

Faites correspondre les légumes ci-dessous à leurs équivalents espagnols.

1 **los tomates**
los tomates

2 **las judías**
las rhoudias

3 **los champiñones**
los champignonès

4 **las uvas**
las oubas

5 **las berenjenas**
las berenrhenas

6 **las alcachofas**
las alcatchofas

7 **los guisantes**
los guisantès

8 **los pimientos**
los pimientos

❶ *tomates*

❺ *aubergines*   *petits pois* ❼

artichauts ❻   *poivrons*

3 En conversation

Quiero tomates.
kiéro tomates

Je veux des tomates.

¿De los grandes o de los pequeños?
dé los grandès o dé los pékégnos

Des grosses ou des petites ?

Dos kilos de los pequeños, por favor.
dos kilos dé los pékégnos, por fabor

Deux kilos de petites, s'il vous plaît.

Conseil culturel L'unité monétaire est l'euro qui se divise en centimes, « centimos ». Les pays hispanophones d'Amérique latine ont tous leur propre monnaie. Celle de l'Argentine, du Chili, de l'Uruguay, de la Colombie et du Mexique est le peso qui se divise en « centavos ».

❷ *haricot*

❸ *champignons*

❹ *raisins*

4 Phrases utiles

Apprenez les phrases suivantes. Après avoir rabattu le cache, lisez le français sous la photo et dites la phrase en espagnol.

Esa salchicha es demasiado cara.
essa saltchitcha es démassiado cara

Cette saucisse est trop chère.

¿A cuánto está esa?
a kouanto esta essa

Combien coûte celle-ci ?

5 Dites-le

Trois kilos de petits pois, s'il vous plaît.

Les champignons sont trop chers.

C'est combien, le raisin ?

Eso es todo.
esso es todo

Ce sera tout.

¿Algo más, señorita?
algo mas, signorita

Autre chose, mademoiselle ?

Eso es todo, gracias. ¿Cuánto es?
esso es todo, grathias. kouanto es

Ce sera tout, merci. Ça fait combien ?

Tres cincuenta.
très thinkouenta

Trois cinquante.

1 S'échauffer

Quels sont ces produits que vous pouvez acheter au supermarché ? (pp. 24-25)

En el supermercado
Au supermarché

Les prix pratiqués dans les supermarchés sont plus bas que chez les petits commerçants. Dans les **hypermercados** (*hypermarchés*), situés en général à la périphérie des villes, vous trouverez pratiquement tout : vêtements, produits d'entretien, les meubles de jardin et les articles de bricolage.

2 Faites correspondre et répétez

Faites correspondre les produits ci-dessous à leurs équivalents espagnols.

1 **los productos del hogar**
   los prodouctos del ogar

2 **la fruta**
   la frouta

3 **las bebidas**
   las bébidas

4 **los platos preparados**
   los platos préparados

5 **los productos de belleza**
   los prodouctos de béyétha

6 **los productos lácteos**
   los prodouctos lactéos

7 **la verdura**
   la berdoura

8 **los congelados**
   los conrhélados

produits d'entretien ❶

fruit ❷

boissons ❸

plats cuisinés ❹

légumes ❼

surgelés ❽

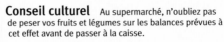

Conseil culturel Au supermarché, n'oubliez pas de peser vos fruits et légumes sur les balances prévues à cet effet avant de passer à la caisse.

3 Phrases utiles

Répétez les phrases suivantes, puis refaites l'exercice avec le cache.

Puis-je avoir un sac, s'il vous plaît ?

¿Me da una bolsa, por favor?
mé da ouna bolsa, por fabor

Où se trouvent les boissons ?

¿Dónde están las bebidas?
dondé estan las bébidas

Où est la caisse, s'il vous plaît ?

¿Dónde está la caja, por favor?
dondé esta la carha, por fabor

Composez votre code, s'il vous plaît.

Por favor, meta su pin.
por fabor, méta sou pin

4 Les mots à retenir

Répétez les mots ci-dessous. Puis refaites l'exercice avec le cache.

5 produits de beauté

6 produits laitiers

pain	**el pan** el pan	
lait	**la leche** la létché	
beurre	**la mantequilla** la mantékiya	
jambon	**el jamón** el rhamon	
sel	**la sal** la sal	
poivre	**la pimienta** la pimienta	
lessive	**el jabón de lavadora** el rhabon dé labadora	
papier hygiénique	**el papel higiénico** el papel irhiénico	
couches	**los pañales** los pagnales	

5 Dites-le

Où sont les produits laitiers ?

Puis-je avoir du fromage, s'il vous plaît ?

Où sont les surgelés ?

La ropa y los zapatos

Vêtements et chaussures

1 S'échauffer

Dites « Je voudrais… » (pp. 22-23)

Demandez « Avez-vous…? » (pp. 14-15)

Dites « 38 », « 42 » et « 46 ». (pp. 30-31)

Dites « grand », « petit », « plus grand » et « plus petit ». (pp. 64-65)

Notez que les tailles espagnoles sont plus petites que les tailles françaises. Pour les vêtements pour femmes par exemple, un 38 espagnol correspond à un 36 français. La taille se dit **la talla** et la pointure, **el número**.

2 Faites correspondre et répétez

Faites correspondre les vêtements ci-dessous à leurs équivalents espagnols.

1 **la camisa**
la camisa

2 **la corbata**
la corbata

3 **la chaqueta**
la tchakèta

4 **el bolsillo**
el bolsiyo

5 **la manga**
la manga

6 **el pantalón**
el pantalon

7 **la falda**
la falda

8 **las medias**
las médias

9 **los zapatos**
los thapatos

chemise ❶

cravate ❷

veste ❸

poche ❹

manche ❺

pantalon ❻

> **Conseil culturel** En Espagne, les vêtements vont en général du 36 au 46. Retirez 2 à la taille espagnole pour avoir la taille française (un 42 espagnol correspond à un 40 français). Les chaussures vont du 37 au 45 et correspondent aux pointures françaises. Pour les cols de chemise, les tailles sont identiques aux tailles françaises.

3 Phrases utiles

Répétez les phrases suivantes, puis refaites l'exercice avec le cache.

Vous avez la taille au-dessus ?

¿Tiene una talla más grande?
tiéné ouna taya mas grandé

Ce n'est pas ce que je veux.

No es lo que quiero.
no es lo ké kiéro

Je vais prendre le rose.

Me quedo con el rosa.
mé kédo con el rrosa.

4 Les mots à retenir

Les couleurs, qui sont aussi des adjectifs (voir pp. 64-65), prennent pour la plupart la marque du féminin et du masculin. Un adjectif masculin se terminant par « o » se termine généralement par « a » au féminin

rouge	**rojo/roja**	rrorho/rrorha
blanc/he	**blanco/blanca**	blanco/blanca
bleu/e	**azul**	athoul
jaune	**amarillo/amarilla**	amariyo/amariya
vert/e	**verde**	berdé
noir/e	**negro/negra**	négro/négra

7 *jupe*

8 *bas*

9 *chaussures*

5 Dites-le

Quelle pointure ?

Avez-vous cette veste en noir ?

Avez-vous la taille 38 ?

Avez-vous la taille en dessous ?

Respuestas
Réponses
Rabattez le cache

Repase y repita
Révisions

1 Au marché

1 **las alcachofas**
las alca<u>ch</u>ofas

2 **los tomates**
los to<u>m</u>ates

3 **los guisantes**
los gui<u>s</u>an<u>t</u>ès

4 **los pimientos**
los <u>p</u>i<u>m</u>ientos

5 **las judías**
las r<u>h</u>ou<u>d</u>ias

1 Au marché

Donnez le nom des légumes suivants.

❶ *artichauts*
❷ *tomates*   ❹ *poivrons*
petits pois ❸   ❺ *haricots*

2 Descriptions

1 *Les chaussures sont
trop chères.*

2 *Ma chambre est
très petite.*

3 *Je voudrais un lit
plus mou.*

2 Descriptions

Que veulent dire les phrases suivantes ?

1 **Los zapatos son demasiado caros.**

2 **Mi habitación es muy pequeña.**

3 **Necesito una cama más blanda.**

3 Les magasins

1 **la panadería**
la panadé<u>r</u>ia

2 **la joyería**
la r<u>h</u>oyé<u>r</u>ia

3 **la librería**
la libré<u>r</u>ia

4 **la pescadería**
la pescadé<u>r</u>ia

5 **la pastelería**
la pasté<u>l</u>é<u>r</u>ia

6 **la carnicería**
la carnicé<u>r</u>ia

3 Les magasins

Donnez le nom des magasins suivants. Puis
refaites l'exercice en cachant les réponses.

❶ *boulangerie* ❷ *bijouterie* ❸ *librairie*

❹ *poissonnerie* ❺ *pâtisserie* ❻ *boucherie*

4 Au supermarché

Donnez le nom des produits suivants.

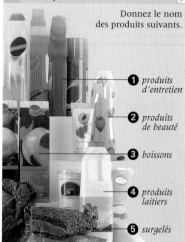

❶ *produits d'entretien*

❷ *produits de beauté*

❸ *boissons*

❹ *produits laitiers*

❺ *surgelés*

4 Au supermarché

1 **los productos del hogar**
los prod<u>ou</u>ctos del <u>o</u>gar

2 **los productos de belleza**
los prod<u>ou</u>ctos de béy<u>é</u>tha

3 **las bebidas**
las béb<u>i</u>das

4 **los productos lácteos**
los prod<u>ou</u>ctos l<u>a</u>ctéos

5 **los congelados**
los conrhél<u>a</u>dos

5 Au musée

Vous arrivez dans un musée. Suivez les instructions en français et répondez à votre interlocuteur en espagnol.

Buenos días. ¿Qué desean?
1 *Je voudrais cinq entrées.*

Son setenta y cinco euros.
2 *C'est très cher !*

No hacemos descuentos a los niños.
3 *C'est combien, un guide ?*

Quince euros.
4 *Bien. Et cinq entrées, s'il vous plaît.*

Noventa euros, por favor.
5 *Tenez. Où sont les toilettes ?*

A la derecha.
6 *Merci beaucoup.*

5 Au musée

1 **Quisiera cinco entradas.**
kissi<u>é</u>ra <u>thi</u>nco entradas

2 **¡Es muy caro!**
es mo<u>u</u>i <u>ca</u>ro

3 **¿Cuánto cuesta una guía?**
ko<u>ua</u>nto ko<u>ue</u>sta o<u>u</u>na g<u>u</u>ia

4 **Bien. Y cinco entradas, por favor.**
bien. i <u>thi</u>nco entradas, por f<u>a</u>bor

5 **Aquí tiene. ¿Dónde están los servicios?**
aki ti<u>é</u>né. <u>do</u>ndé estan los serb<u>i</u>thios

6 **Muchas gracias.**
mo<u>u</u>tchas gr<u>a</u>thias

1 S'échauffer

Demandez « De quel quai...? » (pp. 38-39)

Comment dit-on « sœur », « frère », « mère », « père », « fils » et « fille » ? (pp. 10-11)

Ocupaciones
Les métiers

Certaines professions prennent la marque du féminin comme **el enfermero** (*l'infirmier*) qui devient la **enfermera** (*l'infirmière*) au féminin.

2 **Les mots à retenir : les métiers**

Répétez les mots ci-dessous. Puis refaites l'exercice avec le cache.

médico médico	*médecin*
dentista dentista	*dentiste*
enfermero/-a enferméro/a	*infirmier/ère*
profesor/-sora professor/ssora	*enseignant/e*
abogado/-a abogado/a	*avocat/e*
contable contablé	*comptable*
diseñador/-dora diségnador/dora	*graphiste*
consultor/a konsoultor/a	*consultant*
secretario/-a sécrétario/a	*secrétaire*
comerciante comerthianté	*commerçant/e*
electricista électrithista	*électricien/ne*
fontanero/-a fontanéro/a	*plombier/ère*
cocinero/-a cothinéro/a	*cuisinier/ère*
albañil albagnil	*maçon*
autónomo/-a aoutonomo/a	*indépendant/e, free-lance*

Soy fontanero.
soï fontanéro
Je suis plombier.

Es estudiante.
es estoudianté
Elle est étudiante.

3 Mettez en pratique

Prenez part à la conversation. Rabattez le cache et complétez le dialogue en espagnol.

¿Cuál es su profesión?
koual es sou
profession
Quelle est votre profession ?

Dites : Je suis consultant.

Soy consultor.
soï consoultor

¿Para qué empresa trabaja?
para ké empressa
trabarha
Pour quelle société travaillez-vous ?

Dites : Je suis indépendant.

Soy autónomo.
soï aoutonomo

¡Qué interesante!
ké intéressanté
Intéressant !

Demandez : Et vous, que faites-vous ?

¿Y cuál es su profesión?
i koual es sou
profession

Soy dentista.
soï dentista
Je suis dentiste.

Dites : Ma sœur est dentiste aussi.

Mi hermana es dentista también.
mi ermana es dentista
tambien

4 Les mots à retenir : le lieu de travail

Répétez les mots ci-dessous. Puis refaites l'exercice avec le cache.

La oficina central está en Madrid.
la ofithina thentral esta
en madrid
Le siège social est à Madrid.

filiale	**la sucursal** la soucoursal
service	**el departamento** el départamento
directeur	**el jefe** el rhèfé
employé/e	**el empleado** el empléado
réception	**la recepción** la récépthion
apprenti	**el aprendiz** el aprendith

La oficina
Le bureau

1 S'échauffer

Entraînez-vous à vous présenter de manière différente selon la situation. (pp. 8-9) Dites votre nom, votre profession (pp. 78-79) et toute autre information que vous souhaitez rajouter.

S'il existe dans chaque langue une terminologie propre à l'univers du bureau, de nombreux termes sont pratiquement identiques d'une langue à l'autre. Le clavier d'ordinateur espagnol est le même qu'en France mis à part : le **ñ**, les voyelles accentuées et les signes de ponctuation **¡** et **¿**.

2 Les mots à retenir

Familiarisez-vous avec les mots suivantes. Lisez-les à voix haute plusieurs fois pour les mémoriser. Refaites l'exercice avec le cache.

el monitor el moni<u>tor</u>	*moniteur*
el ratón el rra<u>ton</u>	*souris*
el correo electrónico el co<u>rré</u>o élec<u>tronico</u>	*courrier électronique*
el internet el in<u>ternet</u>	*internet*
la contraseña la contra<u>ségna</u>	*mot de passe*
la mensajería de voz la mensar<u>héria</u> de both	*boîte vocale*
el fax el fax	*fax*
la fotocopiadora la fotocopia<u>dora</u>	*photocopieuse*
la agenda la a<u>rhenda</u>	*agenda*
la tarjeta de visita la tar<u>héta</u> dé vi<u>sita</u>	*carte de visite*
la reunión la réou<u>nion</u>	*réunion*
la conferencia la confé<u>renthia</u>	*conférence*
el orden del día el <u>orden</u> del <u>dia</u>	*ordre du jour*

1 *lampe*

écran **4**

2 *agrafeuse*

téléphone **3**

stylo **10**

bloc-notes **11**

tiroir **12**

3 Phrases utiles

Répétez les phrases suivantes, puis refaites l'exercice avec le cache.

*J'ai besoin de faire
des photocopies.*

**Necesito hacer unas
fotocopias.**
néthessito ather ounas
fotocopias

*Je voudrais fixer un
rendez-vous.*

**Quisiera organizar
una cita.**
kissiéra organithar
ouna thita

*Je veux envoyer un
mail.*

**Quiero mandar un
correo electrónico.**
kiéro mandar oun
corréo électronico

4 Faites correspondre et répétez

Faites correspondre les objets suivants à leurs équivalents
espagnols (à droite).

5 *clavier*

6 *ordinateur*

imprimante **9**

7 *bureau*

8 *horloge*

13 *fauteuil pivotant*

1 **la lámpara**
la lampara

2 **la grapadora**
la grapadora

3 **el teléfono**
el teléfono

4 **la pantalla**
la pantaya

5 **el teclado**
el tèclado

6 **el ordenador**
el ordénador

7 **la mesa de
escritorio**
la messa dé
escritorio

8 **el reloj**
el rrélorh

9 **la impresora**
la impressora

10 **el bolígrafo**
el boligrafo

11 **el bloc**
el bloc

12 **el cajón**
el carhon

13 **la silla giratoria**
la siya rhiratoria

5 Dites-le

Je voudrais organiser
une conférence.

J'ai besoin d'envoyer
un fax.

Vous avez le courrier
électronique ?

1 S'échauffer

Dites « librairie » et « Intéressant ! » (pp. 48-49, pp. 78-79)

Demandez « Quelle est votre profession ? » et répondez « Je suis électricien ». (pp. 78-79).

El mundo académico

Le monde universitaire

L'entrée en licence (**licenciatura**) se fait sur examen et en fonction des notes obtenues au cours de l'année de terminale. Après la licence, les étudiants peuvent choisir de faire **un máster** (*master*) ou **un doctorado** (*doctorat*).

2 Phrases utiles

Répétez les phrases suivantes, puis refaites l'exercice avec le cache.

¿Cuál es su especialidad? koual es sou espéthialidad	Quelle est votre spécialité ?	
Hago investigación en bioquímica. ago inbestigathion en biokimica	Je fais de la recherche en biochimie.	
Soy licenciado en derecho. soï lithenthiado en dérétcho	Je suis licencié en droit.	
Voy a dar una conferencia sobre arquitectura. boï a dar ouna conférenthia sobré arkitectoura	Je vais donner un cours d'architecture.	

3 En conversation

Hola, soy la profesora Fernández.
ola, soï la professora fernandeth

Bonjour, je suis le professeur Fernández.

¿De qué universidad es usted?
dé ké ounibersidad es ousted

De quelle université êtes-vous ?

De la Universidad de Murcia.
dé la ounibersidad dé mourthia

De l'université de Murcie.

4 Les mots à retenir

Répétez les mots suivants. Puis, refaites l'exercice avec le cache.

conférence/cours	**la conferencia**	la conf<u>e</u>r<u>e</u>nthia
foire exposition	**la feria**	la f<u>é</u>ria
séminaire	**el seminario**	il sémin<u>a</u>rio
amphithéâtre	**el anfiteatro**	el anfit<u>é</u>atro
salle de conférence	**la sala de conferencias**	la <u>s</u>ala dé conf<u>é</u>r<u>e</u>nthias
exposition	**la exposición**	la eksposith<u>i</u>on
bibliothèque	**la biblioteca**	la bibliot<u>è</u>ca
professeur d'université	**el profesor de universidad**	el profe<u>ss</u>or dé ounibersid<u>ad</u>
professeur	**el catedrático**	el catédr<u>a</u>tico
médecine	**medicina**	médith<u>i</u>na
sciences	**ciencias**	thi<u>e</u>nthias
littérature	**literatura**	litérat<u>ou</u>ra
ingénierie	**ingeniería**	inrhénié<u>r</u>ia

Tenemos un stand en la feria.
tén<u>é</u>mos oun est<u>a</u>nd en la f<u>é</u>ria
Nous avons un stand à la foire exposition.

5 Dites-le

Je fais de la recherche en médecine.

Je suis diplômé en littérature.

Elle est professeur.

¿Cuál es su especialidad?
ko<u>u</u>al es sou espéthial<u>i</u>d<u>ad</u>

Quelle est votre spécialité ?

Hago investigación en ingeniería.
<u>a</u>go inbestiga<u>th</u>ion en inrhénié<u>r</u>ia

Je fais de la recherche en ingénierie.

¡Qué interesante! Yo también.
ké intére<u>ss</u>anté. yo tambi<u>e</u>n

C'est intéressant ! Moi aussi.

1 S'échauffer

Demandez « Puis-je...? »
(pp. 34-35)

Dites « Je veux
envoyer un mail ».
(pp. 80-81)

Dites « J'aimerais
prendre rendez-vous ».
(pp. 80-81)

Los negocios
Les affaires

Même si votre vocabulaire est limité,
débutez votre entretien avec quelques
mots d'espagnol, vous ferez toujours
bonne impression. Ces formalités
faites, passez à la langue qui vous
est commune ; votre interlocuteur en
sera sans doute aussi ravi que vous.

2 **Les mots à retenir**

Répétez les mots suivants, puis refaites
l'exercice avec le cache.

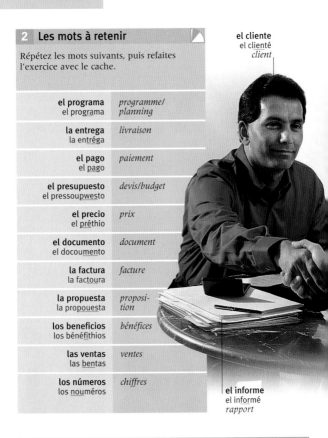

el cliente
el clienté
client

el programa el programa	programme/ planning
la entrega la entrêga	livraison
el pago el pago	paiement
el presupuesto el pressoupwesto	devis/budget
el precio el préthio	prix
el documento el docoumento	document
la factura la factoura	facture
la propuesta la propouesta	proposi- tion
los beneficios los bénéfithios	bénéfices
las ventas las bentas	ventes
los números los nouméros	chiffres

el informe
el informé
rapport

Conseil culturel Le long déjeuner
d'affaires, arrosé d'un bon vin, reste une
pratique courante en Espagne. Il n'est pas
rare que le client soit invité au restaurant.
Si vous êtes vous-même fournisseur, pensez
à inviter votre client.

3 Phrases utiles

Lisez plusieurs fois les phrases suivantes à voix haute. Puis refaites l'exercice avec le cache.

¿Firmamos el contrato?
firmamos el contrato
On signe le contrat ?

el ejecutivo
el érhécoutivo
cadre

Me manda el contrato, por favor.
mé manda el contrato, por fabor ?

Envoyez-moi le contrato, s'il vous plaît.

¿Hemos acordado un programa?
émos acordado oun programa

Avons-nous convenu d'un planning ?

¿Cuándo puede hacer la entrega?
kouando pouédé ather la entréga

Quand pouvez-vous faire la livraison ?

¿Cuál es el presupuesto?
koual es el pressoupouesto

Quel est le budget ?

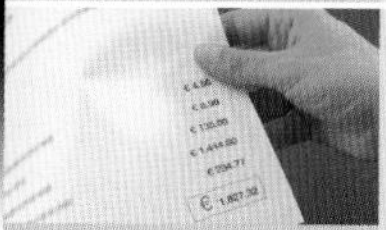

¿Me puede mandar la factura?
mé pouédé mandar la factoura

Pouvez-vous m'envoyer la facture ?

el contrato
el contrato
contrat

4 Dites-le

Pouvez-vous m'envoyer le devis ?

Avons-nous convenu d'un prix ?

Quels sont les bénéfices ?

Respuestas
Réponses
Rabattez le cache

Repase y repita
Révisions

1 Au bureau

1 Au bureau

1 **la grapadora**
la grapa<u>do</u>ra

2 **la lámpara**
la <u>lam</u>para

3 **el ordenador**
el ordé<u>na</u>dor

4 **el bolígrafo**
el bo<u>li</u>grafo

5 **el reloj**
el rré<u>lorh</u>

6 **el bloc**
el bloc

7 **la mesa de escritorio**
la <u>me</u>ssa dé escri<u>to</u>rio

1 Au bureau

Donnez le nom des objets ci-dessous.

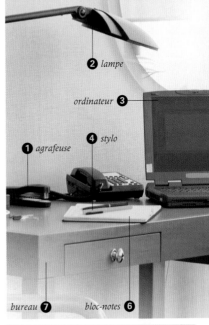

2 *lampe*

ordinateur **3**

1 *agrafeuse*   **4** *stylo*

bureau **7**   *bloc-notes* **6**

2 Les métiers

2 Les métiers

1 **médico**
<u>mé</u>dico

2 **fontanero/-a**
fonta<u>né</u>ro/a

3 **comerciante**
comer<u>thian</u>té

4 **contable**
con<u>ta</u>blé

5 **estudiante**
estou<u>dian</u>té

6 **abogado/-a**
abo<u>ga</u>do/a

2 Les métiers

Comment dit-on les métiers suivants en espagnol ?

1 *médecin*

2 *plombier*

3 *commerçant*

4 *comptable*

5 *étudiant/e*

6 *avocat/e*

horloge **5**

3 Le travail

Formulez votre
réponse en
espagnol.

**¿Para qué
empresa trabaja?**
1 Dites « *Je suis
indépendant* ».

**¿En qué
universidad está?**
2 Dites « *J'enseigne
à l'université de
Salamanque* ».

**¿Cuál es su
especialidad?**
3 Dites « *Je fais de
la recherche
médicale* ».

**¿Hemos acordado
un programa?**
4 Dites « *Oui, ma
secrétaire a le
planning* ».

3 Le travail

1 **Soy autónomo.**
soï aou<u>to</u>nomo

2 **Estoy en la
Universidad de
Salamanca.**
estoï en la
ouniber<u>sid</u>ad dé
sala<u>man</u>ca

3 **Hago investigación
en medicina.**
<u>ago</u> inbestiga<u>thion</u>
en médi<u>thi</u>na

4 **Sí. mi secretaria
tiene el programa.**
si, mi sécré<u>ta</u>ria
<u>tié</u>né el pro<u>gra</u>ma

4 Combien

Donnez le prix en espagnol.

1 **¿Cuánto cuesta el
desayuno?** (3,50 €)

2 **¿Cuánto cuesta la
habitación?** (47 €)

3 **¿Cuánto cuesta un kilo
de tomates?** (3,25 €)

4 **¿Cuánto cuesta un plaza
para cuatro noches?** (60 €)

4 Combien

1 **Son tres euros
cincuenta.**
son très é<u>ou</u>ros
<u>think</u>ouenta

2 **Son cuarenta y
siete euros.**
son kou<u>aren</u>ta i
<u>sié</u>té é<u>ou</u>ros

3 **Son tres euros
veinticinco.**
son très é<u>ou</u>ros
béinti<u>thin</u>co

4 **Son sesenta
euros.**
son se<u>ssen</u>ta
é<u>ou</u>ros

Dites « Je suis allergique aux fruits secs ». (pp. 24-25)

Conjuguez le verbe « tener » (*avoir*) sous toutes ses formes (yo, tú, él/ella, nosotros/as, vosotros/as, ellos/as). (pp. 14-15)

En la farmacia
À la pharmacie

Les pharmaciens espagnols sont autorisés à vendre des médicaments sans ordonnance tout autant que des médicaments prescrits. Il y a une pharmacie de garde (**farmacia de guardia**) ouverte 24 heures sur 24 dans pratiquement toutes les villes, dont vous trouverez la liste affichée dans n'importe quelle pharmacie.

2 Faites correspondre et répétez

Faites correspondre les objets ci-dessous à leurs équivalents espagnols. Puis refaites l'exercice avec le cache.

1 **la venda**
   la benda

2 **el jarabe**
   el rharabé

3 **las gotas**
   las gotas

4 **la tirita**
   la tirita

5 **la jeringuilla**
   la rhéringuiya

6 **la crema**
   la créma

7 **el supositorio**
   el soupositorio

8 **la pastilla**
   la pastiya

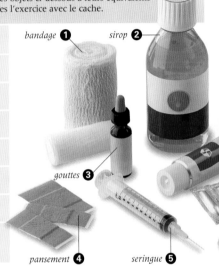

bandage ❶ *sirop* ❷

gouttes ❸

pansement ❹ *seringue* ❺

3 En conversation

**Buenos días, señor.
¿Qué desea?**
bouenos diyas ségnor.
ké desséa

*Bonjour monsieur.
Vous désirez ?*

**Tengo dolor de
éstomago.**
tengo dolor dé
estomago

J'ai mal au ventre.

¿Tiene diarrea?
tiéné diarréa

Avez-vous la diarrhée ?

4 Les mots à retenir

Répétez les mots suivants, puis refaites l'exercice avec le cache.

Tengo dolor de cabeza.
tengo dolor dé cabètha
J'ai mal à la tête.

mal de tête	**el dolor de cabeza**	el do<u>l</u>or dé ca<u>b</u>è<u>th</u>a
mal de ventre	**el dolor de estómago**	el do<u>l</u>or dé es<u>t</u>omago
diarrhée	**la diarrea**	la dia<u>rr</u>éa
rhume	**el resfriado**	el <u>rr</u>esf<u>r</u>ia<u>d</u>o
toux	**la tos**	la tos
insolation	**la insolación**	la insola<u>th</u>ion
mal de dent	**el dolor de muelas**	el do<u>l</u>or dé <u>mo</u>uèlas

6 Dites-le

J'ai un rhume.

Vous l'avez en pommade ?

Il a mal aux dents ?

6 *pommade*

7 *suppositoire*

8 *comprimé*

5 Phrases utiles

Répétez les phrases suivantes, puis refaites l'exercice avec le cache.

J'ai une insolation.	**Tengo una insolación.** <u>t</u>engo <u>ou</u>na insola<u>th</u>ion
Vous l'avez en sirop ?	**¿Lo tiene en jarabe?** lo <u>ti</u>éné en <u>rh</u>a<u>r</u>abé
Je suis allergique à la pénicilline.	**Soy alérgico a la penicilina.** soï a<u>l</u>e<u>r</u>hico a la péni<u>th</u>i<u>l</u>ina

No, pero tengo dolor de cabeza.
no, <u>p</u>éro tengo dolor dé ca<u>b</u>ètha

Non, mais j'ai mal à la tête.

Aquí tiene.
a<u>k</u>i <u>ti</u>éné.

Tenez.

¿Lo tiene en pastilla?
lo <u>ti</u>éné en pastiya

Vous l'avez en comprimé ?

1 S'échauffer

Dites « J'ai mal aux dents. » et « J'ai une insolation ».
(pp. 88-89)

Comment dit-on « rouge » , « vert » , « noir » et « jaune » ?
(pp. 74-75)

El cuerpo
Le corps

Les mots désignant les parties du corps vous seront particulièrement utiles au cas où vous auriez des problèmes de santé et que vous deviez expliquer à un médecin l'endroit où vous avez mal. *J'ai mal à…* se dit **Me duele la/el…**

2 Faites correspondre et répétez : le corps

Faites correspondre les parties du corps suivantes à leurs équivalents espagnols. Puis refaites l'exercice avec le cache.

1 **la mano**
la <u>ma</u>no

2 **la cabeza**
la ca<u>bè</u>tha

3 **el hombro**
el <u>om</u>bro

4 **el codo**
el <u>co</u>do

5 **el pelo**
el <u>pè</u>lo

6 **el brazo**
el <u>bra</u>tho

7 **el cuello**
el <u>kou</u>eyo

8 **el pecho**
el <u>pè</u>tcho

9 **el estómago**
el es<u>to</u>mago

10 **la pierna**
la <u>pier</u>na

11 **la rodilla**
la ro<u>di</u>ya

12 **el pie**
el pi<u>é</u>

main ❶
tête ❷
épaule ❸
❹ coude
❺ cheveux
❻ bras
❼ cou
❽ poitrine
❾ estomac
❿ jambe
⓫ genou
⓬ pied

3 Faites correspondre et répétez : le visage

Faites correspondre ces parties du visage à leurs équivalents espagnols.

sourcil **①**

nez **③**

oreille **⑤**

② œil

④ bouche

1 **la ceja**
la thérha

2 **el ojo**
el orho

3 **la nariz**
la narith

4 **la boca**
la boca

5 **la oreja**
la orérha

4 Phrases utiles

Répétez les phrases suivantes, puis refaites l'exercice avec le cache.

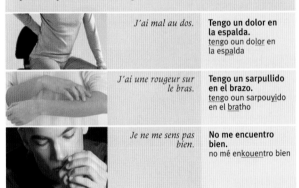

J'ai mal au dos.

Tengo un dolor en la espalda.
tengo oun dolor en la espalda

J'ai une rougeur sur le bras.

Tengo un sarpullido en el brazo.
tengo oun sarpouyido en el bratho

Je ne me sens pas bien.

No me encuentro bien.
no mé enkouentro bien

5 Mettez en pratique

Prenez part à la conversation. Rabattez le cache et complétez le dialogue en espagnol.

¿Cuál es el problema?
koual es el problèma
Que se passe-t-il ?

Dites : Je ne me sens pas bien.

No me encuentro bien.
no mé enkouentro bien

¿Dónde le duele?
dondé lé douélé
Où avez-vous mal ?

Dites : J'ai mal à l'épaule.

Tengo un dolor en el hombro.
tengo oun dolor en el ombro

1 S'échauffer

Dites « Il me faut des comprimés ».
(pp. 88-89)

Dites « Il lui faut une pommade ».
(pp. 88-89)

Comment dit-on « Je n'ai pas de fils » ?
(pp. 10-15)

En el médico
Chez le médecin

À moins que ce ne soit une urgence, vous devrez prendre rendez-vous avec le médecin et régler à la fin de la visite. Si vous cherchez un médecin, demandez à votre hôtel, dans une pharmacie ou à l'office du tourisme.

2 Phrases utiles

Lisez plusieurs fois les phrases suivantes à voix haute. Puis refaites l'exercice avec le cache.

No es grave. no es <u>grabé</u>	*Ce n'est pas grave.*
Necesita hacerse unas pruebas. né<u>the</u>ssita a<u>ther</u>sé <u>ou</u>nas prou<u>é</u>bas	*Il faut que vous fassiez des examens.*
Tiene una infección de riñón. <u>tié</u>né <u>ou</u>na infek<u>thi</u>on dé <u>rri</u>gnon	*Vous avez une infection des reins.*
Necesita ir al hospital. né<u>the</u>ssita ir al o<u>spi</u>tal	*Il faut que vous alliez à l'hôpital.*

Le voy a dar una receta.
lé boï a dar <u>ou</u>na rré<u>thé</u>ta
Je vais vous faire une ordonnance.

3 En conversation

¿Cuál es el problema?
koual es el pro<u>blè</u>ma

Que se passe-t-il ?

Tengo un dolor en el pecho.
tengo oun do<u>lor</u> en el <u>pè</u>tcho

J'ai une douleur à la poitrine.

Déjeme que la examine.
<u>dé</u>rhémé ké la eksaminé

Laissez-moi vous examiner.

Conseil culturel Si vous êtes ressortissant de l'Union européenne, vous serez pris en charge gratuitement en cas d'hospitalisation en urgence sur présentation d'une carte européenne d'assuré social ou formulaire E111. Pour appeler une ambulance, composez le 112.

4 Phrases utiles

Répétez les phrases suivantes. Puis, refaites l'exercice avec le cache.

Estoy embarazada.
estoï ambarathada
Je suis enceinte.

Je suis diabétique.	**Soy diabético/-a.** soï diabètico/a
Je suis épileptique.	**Soy epiléptico/-a.** soï épileptico/a
Je suis asthmatique.	**Soy asmático/-a.** soï asmatico/a
Je suis cardiaque.	**Tengo un problema de corazón.** tengo oun problèma dé corathon
J'ai de la fièvre.	**Tengo fiebre.** tengo fiébré
J'ai la tête qui tourne.	**Estoy mareado.** estoï maréado
C'est urgent.	**Es urgente.** es ourhenté

5 Dites-le

Mon fils est diabétique.

J'ai mal au bras.

Ce n'est pas urgent.

¿Es grave?
es grabé

C'est grave ?

No, sólo tiene una indigestión.
no, solo tiéné ouna indirhestion

Non, vous avez juste une indigestion.

¡Menos mal!
ménos mal

Quel soulagement !

1 S'échauffer

Dites « Il y a un ascenseur là-bas ». (pp. 52-53)

Demandez « Combien de temps dure le voyage ? » (pp. 42-43)

Demandez « C'est grave ? » (pp. 92-93)

Comment dit-on « bouche » et « tête » ? (pp. 90-91)

En el hospital
À l'hôpital

Mieux vaut connaître quelques termes et phrases couramment utilisés dans le contexte hospitalier au cas où vous seriez hospitalisé en urgence ou si vous deviez rendre visite à un ami ou collègue. Dans la plupart des hôpitaux espagnols, il n'y a que deux lits par chambre et chaque chambre a sa propre salle de bains.

2 Phrases utiles

Familiarisez-vous avec les phrases suivantes en les répétant à voix haute. Puis refaites l'exercice avec le cache.

¿Cuáles son las horas de visita? koualès son las oras dé bisita	*Quels sont les heures de visite ?*
¿Cuánto tiempo va a tardar? kouanto tiempo ba a tardar	*Ça va prendre combien de temps ?*
¿Va a doler? ba a doler	*Ça va faire mal ?*
Túmbese aquí por favor. toumbessé aki por fabor	*Allongez-vous là, s'il vous plaît.*
No puede comer nada. no pouédé comer nada	*Vous ne pouvez rien manger.*
No mueva la cabeza. no mouéba la cabètha	*Ne bougez pas la tête.*
Abra la boca por favor. abra la boca por fabor	*Ouvrez la bouche, s'il vous plaît.*
Necesita un análisis de sangre. néthessita oun analisis dé sangré	*Il faut que vous fassiez des analyses de sang.*

el gotero
el gotéro
goutte-à-goutte

¿Se encuentra mejor?
sé enkouentra mêrhor
Vous vous sentez mieux ?

¿Dónde está la sala de espera?
dondé esta la sala dé espéra
Où est la salle d'attente ?

3 Les mots à retenir

Répétez les mots suivants, puis refaites l'exercice avec le cache.

service des urgences	**el servicio de urgencias** el serbithio dé ourrhenthias
service de radiologie	**el servicio de radiología** el serbithio dé rradiolorhia
service de pédiatrie	**la sala de pediatría** la sala dé pédiatria
bloc opératoire	**el quirófano** el kirofano
salle d'attente	**la sala de espera** la sala dé espéra
escaliers	**las escaleras** las escaléras

Su radiografía es normal.
sou radiografia es normal
Votre radio est normale.

4 Mettez en pratique

Prenez part à la conversation. Lisez l'espagnol à gauche puis formulez les questions en espagnol. Refaites l'exercice avec le cache.

Tiene una infección.
tiéné ouna infecthion
Vous avez une infection.

Demandez : Dois-je faire des analyses ?

¿Necesito hacerme pruebas?
néthessito athermé prouébas

Primero necesita un análisis de sangre.
priméro néthessita oun analisis dé sangré
Il faut d'abord que vous fassiez une analyse de sang.

Demandez : Ça va faire mal ?

¿Me va a doler?
me ba a doler

5 Dites-le

A-t-il besoin d'une analyse de sang ?

Où est le service de pédiatrie ?

Dois-je passer une radio ?

No, no se preocupe.
no, no sé préocoupé
Non, ne vous inquiétez pas.

Demandez : Ça va prendre combien de temps ?

¿Cuánto tiempo va a tardar?
kouanto tiempo ba a tardar

Respuestas
Réponses
Rabattez le cache

Repase y repita
Révisions

1 Le corps

1 **la cabeza**
la cabètha

2 **el brazo**
el bratho

3 **el pecho**
el pètcho

4 **el estómago**
el estomago

5 **la pierna**
la pierna

6 **la rodilla**
la rodiya

7 **el pie**
el pié

1 Le corps

Donnez le nom des parties du corps suivantes.

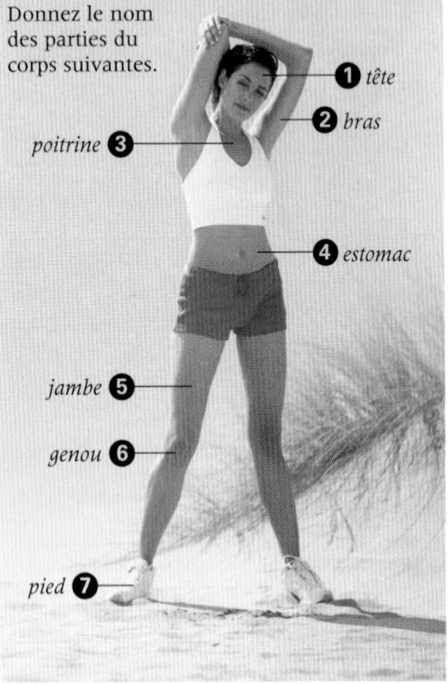

1 tête
2 bras
poitrine 3
4 estomac
jambe 5
genou 6
pied 7

2 Au téléphone

1 **Quisiera hablar con Ana Flores.**
kissiéra ablar con anna florès

2 **Luis Cortés de Don Frío.**
louis cortès dé don frio

3 **¿Puedo dejar un mensaje?**
pouédo derhar oun mensarhé

4 **La cita el lunes a las once está bien.**
la thita el lounès a las onthé esta bien

5 **Gracias, adiós.**
grathias, adios

2 Au téléphone

Vous prenez rendez-vous. Complétez le dialogue en espagnol.

Dígame, Apex Finanzas.
1 *J'aimerais parler à Anna Flores.*

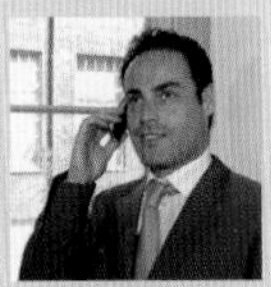

¿De parte de quién?
2 *Louis Cortés, de Don Frío.*

Lo siento, está comunicando.
3 *Puis-je laisser un message ?*

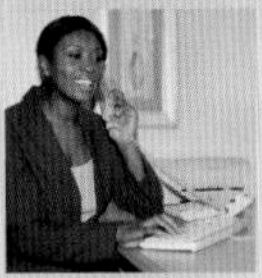

Sí, dígame.
4 *Le rendez-vous lundi à 11 heures me convient.*

Muy bien, adiós.
5 *Merci, au revoir.*

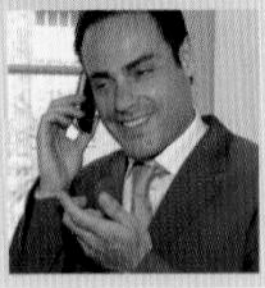

3 Vêtements

Donnez le nom des vêtements suivants.

cravate ①

veste ②

pantalon ③

jupe ④

chaussures ⑤

bas ⑥

3 Vêtements

1 **la corbata**
la cor<u>ba</u>ta

2 **la chaqueta**
la tchak<u>è</u>ta

3 **el pantalón**
el pantal<u>on</u>

4 **la falda**
la <u>fa</u>lda

5 **los zapatos**
los tha<u>pa</u>tos

6 **las medias**
las <u>mé</u>dias

4 Chez le médecin

Dites les phrases suivantes en espagnol.

1 *Je ne me sens pas bien.*

2 *Je suis cardiaque.*

3 *Il faut que j'aille à l'hôpital ?*

4 *Je suis enceinte.*

4 Chez le médecin

1 **No me encuentro bien.**
no mé en<u>kouen</u>tro bien

2 **Tengo un problema de corazón.**
<u>ten</u>go oun pro<u>blè</u>ma dé cora<u>thon</u>

3 **¿Necesito ir al hospital?**
néthe<u>ssi</u>to ir <u>al</u> os<u>pi</u>tal

4 **Estoy embarazada.**
es<u>toï</u> embara<u>tha</u>da

En casa
Le logement

Les citadins habitent pour la plupart dans des immeubles (**edificios**) ; les maisons individuelles (**los chalets**) sont plus fréquentes en banlieue et en zone rurale. Si vous souhaitez connaître le nombre de chambres de la maison que vous allez louer, demandez « **¿Cuántos dormitorios hay?** ».

2 Faites correspondre et répétez

Faites correspondre les parties de la maison ci-dessous à leurs équivalents espagnols. Puis refaites l'exercice avec le cache.

1 **la chimenea**
la tchiménéa

2 **la ventana**
la bentana

3 **el tejado**
el terhado

4 **la terraza**
la terratha

5 **la persiana**
la persiana

6 **el muro**
el mouro

7 **la puerta**
la pouerta

8 **el garaje**
el gararhé

1 *cheminée*

2 *fenêtre*

6 *mur*

5 *volets*

Conseil culturel Pratiquement toutes les maisons espagnoles ont des stores ou des volets à chaque fenêtre que l'on ferme la nuit ou pendant les heures les plus chaudes de la journée. Les rideaux, quand il y en a, ont tendance à être décoratifs. La moquette n'est pas très populaire ; les Espagnols préfèrent de loin le carrelage en céramique ou le parquet recouvert de quelques tapis.

3 Les mots à retenir

Répétez les mots suivants. Puis refaites l'exercice avec le cache.

¿Cuánto es el alquiler al mes?
kouanto es el alkiler al mès
À combien s'élève le loyer par mois ?

pièce	**la habitación** la abita<u>thion</u>	
étage	**el suelo** el sou<u>è</u>lo	
plafond	**el techo** el <u>te</u>tcho	
chambre	**el dormitorio** el dormitorio	
salle de bains	**el cuarto de baño** el <u>kouar</u>to dé <u>bag</u>no	
cuisine	**la cocina** la co<u>thi</u>na	
salle à manger	**el comedor** el comé<u>d</u>or	
séjour	**el cuarto de estar** el <u>kouar</u>to dé es<u>tar</u>	
cave	**el sótano** el <u>so</u>tano	
grenier	**el ático** el <u>a</u>tico	

❸ *toit*

❹ *terrasse*

❽ *garage*

❼ *porte*

4 Phrases utiles

Répétez les phrases suivantes. Puis refaites l'exercice avec le cache.

¿Hay un garaje?
aï oun gararhé

Y a-t-il un garage ?

¿Cuándo está disponible?
<u>kou</u>ando esta dispo<u>ni</u>blé

MAY MAI MAI MEI

Quand est-il libre ?

5 Dites-le

Y a-t-il une salle à manger ?

C'est grand ?

C'est libre en juillet ?

¿Está amueblado?
esta amoué<u>bla</u>do

C'est meublé ?

En la casa
À la maison

En Espagne, les maisons de vacances se louent en général au mois ou à la quinzaine (**la quincena**), la première ou la seconde quinzaine du mois. À la réservation, pensez à demander si les charges sont incluses dans le loyer. La plupart des maisons de vacances n'ont pas le téléphone.

2 Faites correspondre et répétez

Faites correspondre les éléments suivants à leurs équivalents espagnols. Puis refaites l'exercice avec le cache.

1. **la encimera**
   la enthiméra
2. **el fregadero**
   el frégadéro
3. **el microondas**
   el microondas
4. **el horno**
   el orno
5. **la cocina**
   la cothina
6. **el frigorífico**
   el frigorífico
7. **la mesa**
   la messa
8. **la silla**
   la siya

❶ *plan de travail*

❺ *cuisinière*   ❻ *réfrigérateur*

❹ *four*

table ❼

3 En conversation

Este es el horno.
esté es el orno

Ça, c'est le four.

¿Hay también un lavavajillas?
aï tambien oun lababarhias

Y a-t-il un lave-vaisselle aussi ?

Sí, y hay un congelador grande.
si, i aï oun conrhélador grandé

Oui, et un grand congélateur.

4 Les mots à retenir

Répétez les mots suivants. Puis refaites l'exercice avec le cache.

El sofá es nuevo.
el sofa es <u>noué</u>vo
Le canapé est neuf.

armoire	**el armario**	el ar<u>ma</u>rio
canapé	**el sofá**	el so<u>fa</u>
cheminée	**la chimenea**	la chimé<u>né</u>a
moquette	**la moqueta**	la mo<u>kè</u>ta
baignoire	**la bañera**	la ba<u>gnè</u>ra
toilettes	**el váter**	el <u>ba</u>ter
lavabo	**el lavabo**	el <u>la</u>babo

four à micro-ondes ❸

❷ *évier*

❽ *chaise*

5 Phrases utiles

Répétez les phrases suivantes. Puis refaites l'exercice avec le cache.

La cuisinière ne marche pas.	**La cocina no funciona.** la co<u>thi</u>na no founthi<u>o</u>na
Je n'aime pas les rideaux.	**No me gustan las cortinas.** no mé <u>gous</u>tan las cor<u>ti</u>nas
L'électricité est-elle comprise ?	**¿Está incluida la electricidad?** esta in<u>cloui</u>da la électri<u>thi</u>dad

6 Dites-le

Y a-t-il un micro-ondes ?
J'aime bien la cheminée
Qu'il est confortable, ce canapé !

Todo está muy nuevo.
<u>to</u>do esta moui <u>noué</u>bo

Tout est neuf.

Y aquí está la lavadora.
i a<u>ki</u> esta la laba<u>do</u>ra

Et là, vous avez le lave-linge.

¡Qué azulejos más bonitos!
ké athou<u>lér</u>hos mas bo<u>ni</u>tos

Quels jolis carreaux !

1 S'échauffer

Dites « j'ai besoin. » et « Vous avez besoin ». (pp. 92-94)

Comment dit-on « jour » et « mois » en espagnol ? (pp. 28-29)

Dites les jours de la semaine. (pp. 28-29)

El jardín
Le jardin

En Espagne, le jardin d'une maison ou d'une villa n'est pas toujours privatif, ou alors en partie seulement. Vérifiez auprès de votre agence immobilière ou agence de location. Il arrive que l'entretien du jardin soit inclus dans le loyer. Vérifiez également auprès de votre agent.

2 Les mots à retenir

Répétez les mots suivants. Puis refaites l'exercice avec le cache.

la máquina cortacésped la makina cortathesped	*tondeuse*
la horca la orca	*fourche*
la pala la pala	*pelle*
el rastrillo el rrastriyo	*râteau*
el vivero el bibèro	*pépinière*

terrasse ❶

❷ *arbre*

❸ *terre*

fleurs ❼

mauvaises herbes ❽

❾ *chemin*

3 Phrases utiles

Répétez les phrases suivantes. Puis refaites l'exercice avec le cache.

Le jardinier vient une fois par semaine.

El jardinero viene una vez a la semana.
el rhardinéro biéné ouna bez a la sémana

Pouvez-vous tondre la pelouse ?

¿Puede cortar el césped?
pouédé cortar el thesped

Le jardin est-il privé ?

¿Es el jardín privado?
es el rhardin pribado?

Le jardin a besoin d'être arrosé.

El jardín necesita que lo rieguen.
el rhardin néthessita ké lo rriéguen

4 Faites correspondre et répétez

Faites correspondre les éléments ci-dessous à leurs équivalents espagnols. Puis refaites l'exercice avec le cache.

4 *pelouse* **5** *haie*

6 *plantes*

parterre **10**

1 **la terraza**
   la terratha

2 **el árbol**
   el arbol

3 **la tierra**
   la tierra

4 **el césped**
   el thesped

5 **el seto**
   el sèto

6 **las plantas**
   las plantas

7 **las flores**
   las florès

8 **las malas hierbas**
   las malas yerbas

9 **el camino**
   el camino

10 **el parterre**
    el parterre

5 Dites-le

La pelouse a besoin d'être arrosée.

Y a-t-il des arbres ?

Le jardinier vient le vendredi.

Los animales de compañía

Les animaux domestiques

1 S'échauffer

Dites « Je m'appelle... ». (pp. 8-9)

Dites « Ne vous inquiétez pas ». (pp. 94-95)

Comment dit-on « ton », « ta » , « tes » , « votre » et « vos » en espagnol ? (pp. 12-13)

Grâce aux passeports pour animaux, les touristes n'ont pas de difficulté pour amener leurs animaux avec eux en Espagne. Consultez votre vétérinaire pour connaître les vaccinations et documents nécessaires à leur séjour.

2 Faites correspondre et répétez

Faites correspondre les animaux suivants à leurs équivalents espagnols. Puis refaites l'exercice avec le cache.

1 **el gato**
el gato

2 **el conejo**
el conérho

3 **el pájaro**
el parharo

4 **el pez**
el peth

5 **el perro**
el perro

6 **el hámster**
el rhamster

oiseau ❸

❷ lapin

❶ chat

poisson ❹

chien ❺

❻ hamster

3 Phrases utiles

Répétez les phrases suivantes. Puis refaites l'exercice avec le cache.

¿Es bueno el perro? es buéno el perro	*Il est gentil, ce chien ?*
¿Puedo llevar el perro? pouédo yébar el perro	*Puis-je amener mon chien ?*
Me dan miedo los gatos. mé dan miédo los gatos	*J'ai peur des chats.*
Mi perro no muerde. mi perro no mouerdé	*Mon chien ne mord pas.*

Este gato está lleno de pulgas.
esté gato esta yéno dé poulgas
Ce chat est plein de puces.

Conseil culturel En Espagne, vous verrez de nombreux chiens de travail, à l'attache ou en liberté. À la campagne, méfiez-vous des chiens de garde à l'approche des fermes et des maisons et tenez compte des pancartes « ¡Cuidado con el perro! » (Attention au chien).

---

4   Les mots à retenir

Répétez les mots suivants. Puis refaites l'exercice avec le cache.

Mi perro no está bien.
mi perro no esta bien
Mon chien ne va pas bien.

panier	**la cesta**	la thesta
cage	**la jaula**	la rhaoula
bol	**el bol**	el bol
collier	**el collar**	el coyar
laisse	**la correa**	la corréa
vétérinaire	**el veterinario**	el bétérinario
vaccination	**la vacuna**	la bakouna
passeport pour animal	**el pasaporte de animales**	el passaporté dé animalès
spray anti-puces	**el spray antipulgas**	el espraï antipoulgas

---

5   Mettez en pratique

Prenez part à la conversation. Lisez l'espagnol de la colonne de gauche puis formulez votre réponse en espagnol selon les instructions en français. Puis, refaites l'exercice avec le cache.

¿Es suyo este perro? es suyo esté perro *C'est votre chien ?* *Dites : Oui, il s'appelle Sandy.*	**Sí, se llama Sandy.** si, sé yama sandi
Me dan miedo los perros. mé dan miédo los perros *J'ai peur des chiens.* *Dites : Ne vous inquiétez pas. Il est gentil.*	**No se preocupe. Es bueno.** no se préocoupé. es bouéno

Repase y repita
Révisions

1 Les couleurs

1 **negra**
   négra

2 **pequeños**
   pékégnos

3 **rojo**
   rrorho

4 **verde**
   berdé

5 **amarillos**
   amariyos

1 Les couleurs

Complétez les phrases suivantes avec la forme correcte de l'adjectif entre parenthèses

1 Quisiera la camisa _____. (noir)

2 Estos zapatos son muy _____. (petit)

3 ¿Tiene este traje en _____? (rouge)

4 No, pero lo tengo en _____. (vert)

5 Quiero los zapatos _____. (jaune)

2 La cuisine

1 **la cocina**
   la cothina

2 **el frigorífico**
   el frigorifico

3 **el fregadero**
   el frégadéro

4 **el microondas**
   el microondas

5 **el horno**
   el orno

6 **la silla**
   la siya

7 **la mesa**
   la messa

2 La cuisine

Donnez le nom des éléments ci-dessous.

❶ *cuisinière*   *réfrigérateur* ❷

four ❺   *chaise* ❻

3 La maison

Vous visitez une maison en Espagne. Prenez part à la conversation et posez les questions suivantes en espagnol.

Éste es el cuarto de estar.
1 *Quelle jolie cheminée !*

Sí, y tiene una cocina muy grande.
2 *Combien y a-t-il de chambres ?*

Hay tres dormitorios.
3 *Avez-vous un garage ?*

Sí, pero no hay un jardín.
4 *C'est libre quand ?*

En julio.
5 *À combien s'élève le loyer par mois ?*

3 La maison

1 **¡Qué chimenea más bonita!**
ké tchiménéa mas bonita

2 **¿Cuántos dormitorios hay?**
kouantos dormitorios aï

3 **¿Tiene garaje?**
tiéné gararhé

4 **¿Cuándo está disponible?**
kouando esta disponiblé

5 **¿Cuánto es el alquiler al mes?**
kouanto es el alkiler al mès

four à micro-ondes **4**

3 *évier*

table **7**

4 La maison

Donnez le nom des éléments suivants.

1 *lave-linge*

2 *canapé*

3 *grenier*

4 *salle à manger*

5 *arbre*

6 *jardin*

4 La maison

1 **la lavadora**
la labadora

2 **el sofá**
el sofa

3 **el ático**
el atico

4 **el comedor**
el comédor

5 **el árbol**
el arbol

6 **el jardín**
el rhardin

1 S'échauffer

Demandez « Comment va-t-on à la banque ? » et « Comment va-t-on à la poste ? » (pp. 50-51)

Comment dit-on « passeport » en espagnol ? (pp. 54-55)

Comment dit-on « La réunion est à quelle heure ? » (pp. 30-31)

El banco y la oficina de correos

La poste et la banque

Les banques et les bureaux de poste ferment en général vers 14 heures et sont fermés le week-end. Les **cajas de ahorros** (*caisses d'épargne*) ont des horaires un peu différents. Il arrive qu'en été, les horaires d'ouverture soient plus courts.

2 Les mots à retenir : à la poste

Répétez les mots suivants. Puis refaites l'exercice avec le cache.

los sellos los <u>se</u>yos	*timbres*
la postal la pos<u>tal</u>	*carte postale*
el paquete el pa<u>kè</u>tè	*paquet/colis*
por avión por a<u>bion</u>	*par avion*
el correo certificado el co<u>rré</u>o ther<u>tifi</u>cado	*recommandé*
el buzón el bu<u>thon</u>	*la boîte à lettres*
el código postal el <u>codi</u>go pos<u>tal</u>	*code postal*
el cartero el car<u>tè</u>ro	*facteur*

¿Cuánto es para el Reino Unido?
<u>kouan</u>to es <u>para</u> el <u>reï</u>no ou<u>ni</u>do
C'est combien pour le Royaume-Uni ?

el sobre el so<u>bré</u>
enveloppe

3 En conversation

Quisiera sacar dinero.
ki<u>ssiè</u>ra sacar di<u>né</u>ro

Je voudrais retirer de l'argent.

¿Tiene identificación?
<u>tié</u>né identifi<u>ca</u>th<u>ion</u>

Vous avez une pièce d'identité ?

Sí, aquí tiene mi pasaporte.
si, a<u>ki tié</u>né mi passa<u>por</u>té

Oui, voici mon passeport.

4 Les mots à retenir : à la banque

Répétez les mots suivants. Puis refaites l'exercice après avoir rabattu le cache.

	code	**el pin** el pin
	banque	**el banco** el <u>ban</u>co
	caissier	**el cajero** el car<u>hé</u>ro
	distributeur	**el cajero automático** el car<u>hé</u>ro aouto<u>ma</u>tico
	billets	**los billetes** los bi<u>yè</u>tes
	chèques de voyage	**los cheques de viaje** los t<u>chè</u>kès dé <u>biar</u>hé

¿Cómo puedo pagar?
<u>co</u>mo <u>poué</u>do pagar
Je peux payer comment ?

5 Phrases utiles

Répétez les phrases suivantes. Puis refaites l'exercice avec le cache.

6 Dites-le

Je voudrais changer des chèques de voyage.

J'ai besoin de mon passeport ?

Je voudrais un timbre pour la France.

Je voudrais changer de l'argent.	**Quisiera cambiar dinero.** ki<u>ssié</u>ra cambi<u>ar</u> di<u>né</u>ro
Quel est le taux de change ?	**¿A cuánto está el cambio?** a <u>kouan</u>to esta el <u>cam</u>bio
Je voudrais retirer de l'argent.	**Quisiera sacar dinero.** ki<u>ssié</u>ra sa<u>car</u> di<u>né</u>ro

Meta su pin, por favor.
<u>mé</u>ta sou codigo, por fabor

Composer votre code, s'il vous plaît.

¿Tengo que firmar también?
<u>ten</u>go ké firmar tambi<u>en</u>

Est-ce qu'il faut que je signe aussi ?

No, no hace falta.
no, no <u>a</u>thé <u>fal</u>ta

Non, ce n'est pas nécessaire.

1 S'échauffer

Comment dit-on
« ... ne marche pas »
en espagnol ?
(pp. 60-61)

Comment dit-on
« aujourd'hui » et
« demain » en espagnol ?
(pp. 28-29)

Los servicios
Les réparations

En associant le vocabulaire de la semaine 10 à celui de ces deux pages, vous parviendrez à expliquer vos problèmes et à vous faire dépanner. Si vous devez faire appel à un entrepreneur ou à un réparateur, mettez-vous d'accord sur le prix et le mode de paiement à l'avance.

2 Les mots à retenir

Répétez les mots suivants. Puis refaites l'exercice avec le cache.

el fontanero el fontanéro	*plombier*
el electricista el électrithista	*électricien*
el mecánico el mécanico	*mécanicien*
el albañil el albagnil	*maçon*
la asistenta la assistenta	*femme de ménage*
el pintor el pintor	*peintre*
el carpintero el carpintèro	*menuisier/ charpentier*
el técnico el tecnico	*technicien*

la llave de tuercas
la yabé de touercas
clé cruciforme

No necesito un mecánico.
no néthessito oun mécanico
Je n'ai pas besoin de mécanicien.

3 En conversation

La lavadora no funciona.
la labadora no founthiona

La machine à laver ne marche pas.

Sí, la manguera está rota.
si, la manguéra esta rrota

Oui, le tuyau est cassé.

¿**La puede arreglar?**
la pouédé arréglar

Vous pouvez le réparer ?

4 Phrases utiles

Répétez les phrases suivantes. Puis refaites l'exercice avec le cache.

Pouvez-vous nettoyer la salle de bains ?	**¿Puede limpiar el cuarto de baño?** pouédé limpiar el kouartor dé bagno
Pouvez-vous réparer la chaudière ?	**¿Puede arreglar la caldera?** pouédé arréglar la caldéra
Connaissez-vous un bon électricien ?	**¿Conoce a un buen electricista?** conothé a oun bouén électrithista

¿Dónde me pueden arreglar la plancha?
 dondé mé pouéden arréglar la plancha
 Où puis-je faire réparer le fer à repasser ?

5 Mettez en pratique

Rabattez le cache et complétez le dialogue en espagnol.

los planos
 los planos
 plans

Empiezo el trabajo mañana.
 empiétho el trabarho magnana
 Je commence le travail demain.

| **Su verja está rota.**
 sou berrha esta rrota
 Votre portail est cassé.
 Demandez :
 Connaissez-vous un bon maçon ? | **¿Conoce a un buen albañil?**
 conothé a oun bouén albagnil |
| **Sí, hay uno en el pueblo.**
 si, aï ouno en el pouéblo
 Oui il y en a un au village.
 Demandez : Avez-vous son numéro de téléphone ? | **¿Tiene su número de teléfono?**
 tiéné sou nouméro dé téléfono |

No, va a necesitar una nueva.
 no, ba a néthessitar ouna nouéba

 Non, il va en falloir un neuf.

¿Lo puede hacer hoy?
 lo pouédé ather oï

 Vous pouvez le faire aujourd'hui ?

No, volveré mañana.
 no, bolbéré magnana

 Non, je reviendrai demain.

Venir
Venir

1 S'échauffer

Dites les jours de la semaine en espagnol. (pp. 28-29)

Comment dit-on « femme de ménage » en espagnol ? (pp. 110-11)

Dites « Il est 9h30 » , « 10h45 » et « 12h00 ». (pp. 30-31)

Venir (*venir*) est l'un des verbes les plus utiles. Apprenez à le conjuguer au présent sans omettre la forme impérative **¡ven!/¡venga!** (*viens ici !/ venez ici !*). Notez que *avec moi* devient **conmigo** et *avec toi*, **contigo** comme dans **ven conmigo** (*viens avec moi*) et **vengo contigo** (*je viens avec toi*).

2 Venir : venir

Conjuguez le verbe venir (*venir*) à voix haute puis entraînez-vous à dire les phrases ci-dessous. Refaites l'exercice avec le cache.

yo vengo yo <u>b</u>engo	*je viens*
tú vienes/usted viene tou b<u>ié</u>nès/ous<u>t</u>ed b<u>ié</u>né	*tu viens/vous venez (vouvoiement)*
él/ella viene el/eya b<u>ié</u>né	*il/elle vient*
nosotros/as venimos no<u>s</u>otros/as b<u>é</u>nimos	*nous venons*
vosotros/as venís bo<u>s</u>otros/as b<u>é</u>nis	*vous venez (pluriel)*
ustedes vienen ous<u>t</u>edès b<u>ié</u>nen	*vous venez (vouvoiement)*
ellos/ellas vienen <u>ey</u>os/as b<u>ié</u>nen	*ils/elles viennent*
Vengo ahora. <u>b</u>engo a<u>o</u>ra	*J'arrive.*
Venimos todos los martes. b<u>é</u>nimos <u>to</u>dos los <u>martè</u>s	*Nous venons tous les mardis.*
Vienen en tren. b<u>ié</u>nen en tren	*Ils viennent en train.*

Vienen en muchos colores.
v<u>ié</u>nen en m<u>ou</u>tchos col<u>o</u>rès
Ils existent en plusieurs couleurs.

Conseil linguistique « Vengo de Paris » sous-entend que vous venez d'arriver de Paris. Si vous voulez dire « Je viens de France » dans le sens « Je suis Français », dites plutôt « Soy francés » .

3 Phrases utiles

Lisez plusieurs fois les phrases suivantes à voix haute. Puis refaites l'exercice avec le cache.

Quand puis-je venir ?	**¿Cuándo puedo venir?** <u>kouan</u>do <u>pou</u>édo bénir
Ça existe en taille 44 ?	**¿Viene en la talla 44?** <u>bié</u>né en la <u>ta</u>ya <u>koua</u><u>ren</u>ta i <u>koua</u>tro
La femme de ménage vient tous les lundis.	**La asistenta viene todos los lunes.** la assi<u>sten</u>ta <u>bié</u>né <u>to</u>dos los <u>lou</u>nès

¿Puede venir el viernes?
 <u>pou</u>édé bénir el <u>bier</u>nès
 Vous pouvez venir vendredi ?

| *Viens/venez avec moi.* | **Ven conmigo/ venga conimgo**
 ben/<u>ben</u>ga con<u>mi</u>go |

4 Mettez en pratique

Prenez part à la conversation. Lisez l'espagnol à gauche et suivez les instructions en français pour formuler votre réponse en espagnol. Puis refaites l'exercice avec le cache.

Peluquería Cristina, dígame.
 <u>pé</u>loukéria cristina, digamé
 Salon de coiffure Christina, bonjour.

Dites : Je voudrais un rendez-vous.

Quisiera una cita.
 kis<u>sié</u>ra <u>ou</u>na <u>thi</u>ta

¿Cuándo quiere venir?
 <u>kouan</u>do kié<u>ré</u> bénir
 Quand voulez-vous venir ?

Dites : Aujourd'hui, si c'est possible.

Hoy, si es posible.
 oï, si es po<u>si</u>blé

Sí, claro. ¿A qué hora?
 si <u>cla</u>ro a ké ora
 Oui bien sûr, à quelle heure ?

Dites : À 10h30.

A las diez y media.
 a las di<u>eth</u> i <u>mé</u>dia

Comment dit-on
« grand » et « petit »
en espagnol ?
(pp. 64-65)

Dites « La chambre est
grande. » et « Le lit est
petit ». (pp. 64-65)

La policía y el delito
La police et les délits

Si vous êtes victime d'un délit au
cours de votre séjour en Espagne,
n'hésitez pas à le signaler à la police.
En cas d'urgence, composez le 112
pour appeler police secours.

2 Les mots à retenir

Familiarisez-vous avec les mots suivants.

el robo el rrobo	*vol*
la denuncia la dénounthia	*plainte*
el ladrón el ladron	*voleur*
la policía la polithia	*police*
la declaración la déclarathion	*déposition*
el testigo el testigo	*témoin*
el abogado el abogado	*avocat*

Necesito un abogado.
néthessito oun abogado
*J'ai besoin d'un
avocat.*

3 Phrases utiles

Répétez les phrases suivantes, puis refaites
l'exercice avec le cache.

¿Qué han robado? ké an rrobado	*Que vous a-t-on volé ?*
Me han robado. mé an rrobado	*Je me suis fait voler.*
¿Vió quién lo hizo? bio kien lo itho	*Avez-vous vu le voleur ?*
¿Cuándo ocurrió? kouando ocourrio	*C'est arrivé quand ?*

la cámara de fotos
la camara de fotos
appareil photo

la cartera
la cartéra
portefeuille

4 Les mots à retenir : l'apparence

Apprenez les mots suivants. Souvenez-vous que certains adjectifs prennent la marque du féminin.

Él es bajo y tiene bigote.
el es <u>barho</u> i <u>tié</u>né bigoté
Il est petit et il a une moustache.

homme	**el hombre** el ombré	
femme	**la mujer** la mou<u>rher</u>	
grand/e	**alto/alta** <u>alto</u>/<u>alta</u>	
petit/e	**bajo/baja** <u>barho</u>/<u>barha</u>	
jeune	**joven** rho<u>ben</u>	
vieux/vieille	**viejo/vieja** <u>bié</u>rho/<u>bié</u>rha	
gros/se	**gordo/gorda** <u>gordo</u>/<u>gorda</u>	
maigre	**delgado/delgada** delgado/delgada	
cheveux longs/courts	**el pelo largo/corto** el <u>pèlo</u> <u>largo</u>/<u>corto</u>	
lunettes	**las gafas** las <u>gafas</u>	
barbe	**la barba** la <u>barba</u>	

Tiene el pelo negro y corto.
<u>tié</u>né el <u>pèlo</u> <u>né</u>gro i <u>corto</u>
Il a les cheveux bruns et courts.

> **Conseil culturel** La distinction entre guardia civil et policía correspond plus ou moins à celle que nous faisons entre gendarmerie et police. La policía (uniformes bleus) intervient au niveau local tandis que la guardia civil (uniformes verts) se charge de la surveillance des aéroports et du réseau routier national.

5 Mettez en pratique

Familiarisez-vous avec les phrases suivantes. Puis rabattez le cache et complétez le dialogue en espagnol.

¿Cómo era? <u>como</u> <u>éra</u> *Il était comment ?* *Dites : Petit et gros.*	**Bajo y gordo.** <u>barho</u> i <u>gordo</u>
¿Y el pelo? i el <u>pèlo</u> *Et les cheveux ?* *Dites : Longs avec une barbe.*	**Largo y con barba.** <u>largo</u> i con <u>barba</u>

Repase y repita
Révisions

1 Venir

1 Venir

1 **vienen**
bié̲nen

2 **viene**
bié̲né

3 **venimos**
bé̲nimos

4 **venís**
bé̲ni̲s

5 **vengo**
be̲ngo

1 Venir

Complétez les phrases suivantes avec la forme correcte de venir (*venir*).

1 Mis padres _____ a las cuatro.

2 La asistenta _____ una vez a la semana.

3 Nosotros _____ todos los martes.

4 ¿ _____ vosotros con nosotros?

5 Yo _____ en taxi.

2 Banque et poste

2 Banque et poste

1 **los billetes**
los biyè̲tes

2 **la postal**
la po̲stal

3 **el paquete**
el pakè̲té

4 **el sobre**
el ̲sobré

2 Banque et poste

Donnez le nom des objets suivants.

❶ *billets*

❷ *carte postale*

❸ *paquet*

enveloppe ❹

3 L'apparence

Que veulent dire les descriptions suivantes ?

1 **Es un hombre alto y delgado.**

2 **Ella tiene el pelo corto y gafas.**

3 **Soy baja y tengo el pelo largo.**

4 **Ella es vieja y gorda.**

5 **Él tiene los ojos azules y barba.**

3 L'apparence

1 *C'est un homme grand et maigre.*

2 *Elle a les cheveux courts et des lunettes.*

3 *Je suis petite et j'ai les cheveux longs.*

4 *Elle est vieille et grosse.*

5 *Il a les yeux bleus et une barbe.*

4 La pharmacie

Vous demandez conseil à un pharmacien. Prenez part à la conversation et répondez à votre interlocuteur en espagnol selon les instructions données.

Buenos días, ¿qué desea?
1 *Je tousse.*

¿Le duele el pecho?
2 *Non, mais j'ai mal à la tête.*

Tenga estas pastillas.
3 *Vous l'avez en sirop ?*

Sí señor. Aquí tiene.
4 *Merci. Ça fait combien ?*

Cuatro euros.
5 *Tenez. Au revoir.*

4 La pharmacie

1 **Tengo tos.**
tengo tos

2 **No, pero me duele la cabeza.**
no, péro mé douélé la cabètha

3 **¿Lo tiene en jarabe?**
lo tiéné en rharabé

4 **Gracias. ¿Cuánto es?**
grathias. kouanto es

5 **Aquí tiene. Adiós.**
aki tiéné. adios

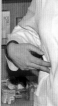

1 S'échauffer

Comment dit-on
« musée » et « galerie »
en espagnol ?
(pp. 48-49)

Dites « Je n'aime pas
les rideaux ».
(pp. 100-01)

Demandez « Tu
veux... ? » (pp. 22-23)

El ocio
Les loisirs

Les Espagnols sont très fiers de la
richesse de leur vie nocturne et de leur
soutien apporté au monde des arts en
général, au théâtre et au cinéma en
particulier. Les Espagnols sont nombreux
à s'intéresser à la politique et à la
philosophie, deux sujets qui reviennent
très souvent dans les discussions.

2 Les mots à retenir

Répétez les mots ci-dessous. Puis refaites
l'exercice avec le cache.

el teatro el teatro	*théâtre*
el cine el thiné	*cinéma*
la discoteca la discotèca	*discothèque*
el deporte el déporté	*sport*
el turismo el tourismo	*tourisme*
la política la politica	*politique*
la música la mousica	*musique*
el arte el arté	*art*

Me encanta el baile.
mé encanta el baïlé
J'aime la danse.

3 En conversation

**Hola. ¿Quieres jugar al
tenis hoy?**
ola. kiérès rhougar al
tenis oï

*Bonjour. Tu veux jouer
au tennis aujourd'hui ?*

**No, no me gusta el
deporte.**
no, no mé gousta el
déporté

*Non, je n'aime pas le
sport.*

**Y entonces, ¿qué te
gusta?**
i entonthès, ké té gousta

*Qu'est-ce que tu aimes,
alors ?*

4 Phrases utiles

Répétez les phrases suivantes, puis refaites l'exercice avec le cache.

los video-juegos
los vídeo rhouégos
jeux vidéos

la bailadora
la baïladora
danseuse

	Quels sont vos/tres centres d'intérêt ?	**¿Cuáles son sus/tus intereses?** koualès son sous/tous intéressès
	J'aime le théâtre.	**Me gusta el teatro.** mé gousta el téatro
	Je préfère le cinéma.	**Yo prefiero el cine.** yo préfiéro el thiné
	Je m'intéresse à l'art.	**Me interesa el arte.** mé intéressa el arté
	Moi, ça m'ennuie.	**Eso me aburre.** esso mé abourré

el traje típico
el trarhé típico
costume traditionnel

5 Dites-le

Je m'intéresse à la musique.

Je préfère le sport.

Je n'aime pas les jeux vidéos.

Prefiero el turismo e ir de compras.
préfiéro el tourismo é ir dé compras

Je préfère faire du tourisme et les magasins.

Eso a mí no me interesa.
esso a mí no mé intéressa

Moi, ça ne m'intéresse pas.

No pasa nada. Me voy yo sola.
no passa nada. mé boï io sola

Pas de problème, j'irai seule.

El deporte y los pasatiempos

Le sport et les passe-temps

Les verbes **hacer** (*faire*) et **jugar** (*jouer*) sont des verbes très utiles pour parler des loisirs et du sport. **Jugar** est suivi de **a** comme dans **juego al baloncesto** (*je joue au basket*).

2 Les mots à retenir

Répétez les mots ci-dessous, puis refaites l'exercice avec le cache.

el fútbol/rugby el foutbol/rougbi	*football/rugby*
el tenis/baloncesto el ténis/balonthesto	*tennis/basket*
la natación la natathion	*natation*
la vela la béla	*voile*
la pesca la pesca	*pêche*
la pintura la pintoura	*peinture*
el ciclismo el thiclismo	*cyclisme*
el senderismo el sendérismo	*randonnée*

el búnker
el bunker
bunker

el jugador de golf
il rhougador dé golf
golfeur

Juego al golf todos los días.
rhouégo al golf todos los días
Je joue au golf tous les jours.

3 Phrases utiles

Familiarisez-vous avec les phrases suivantes.

Juego al fútbol. rhouégo al foutbol	*Je joue au football.*
Juega al tenis. rhouéga al ténis	*Il joue au tennis.*
Ella pinta. eya pinta	*Elle peint.*

4 Hacer : faire

Le verbe **hacer** (*faire*) sert aussi à décrire le temps. Apprenez à le
conjuguer et familiarisez-vous avec les phrases qui suivent.

je fais	**yo hago** yo ago
tu fais/vous faites (singulier, vouvoiement)	**tú haces/usted hace** tou athès/ousted athé
il/elle fait	**él/ella hace** el/eya athé
nous faisons	**nosotros/as hacemos** nosotros/as athémos
vous faites (pluriel, tutoiement)	**vosotros/as hacéis** bosotros/as athéis
vous faites (pluriel, vouvoiement)	**ustedes hacen** oustedes athèn
ils font	**ellos/ellas hacen** eyos/as athèn
Qu'est-ce que tu aimes/vous aimez faire ?	**¿Qué te/le gusta hacer?** ké té/lé gousta ather
Je fais de la randonnée	**Yo hago senderismo.** ago sendérismo

Hoy hace bueno.
oï athé bouéno
*Il fait beau
aujourd'hui.*

la banderola
la bandérola
drapeau

**el campo de
golf**
el campo dé
golf
terrain de golf

5 Mettez en pratique

Complétez le dialogue en espagnol.

¿Qué te gusta hacer?
ké té gousta ather
*Qu'est-ce que tu
aimes faire ?*

*Dites : J'aime jouer
au tennis.*

**Me gusta jugar al
tenis.**
mé gousta rhougar al
ténis

**¿Juegas al fútbol
también?**
rhouégas al foutbol
tambien
Tu joues aussi au foot ?

*Dites : Non, je joue au
rugby.*

No, juego al rugby.
no, rhouégo al rougbi

¿Cuándo juegas?
kouando rhouégas
Tu joues quand ?

*Dites : Je joue toutes
les semaines.*

**Juego todas las
semanas.**
rhouégo todas las
sémanas

1 S'échauffer

Dites « mon mari » et « ma femme ». (pp. 10-11)

Dites les jours de la semaine en espagnol. (pp. 28-29)

Dites « Désolé, je suis occupé ». (pp. 32-33)

La vida social
La vie sociale

En Espagne, une part importante de la vie sociale se passe à table, autour d'un bon repas et d'une bonne bouteille de vin. Mieux vaut en général vouvoyer (**usted**) les personnes plus âgées et réserver le **tú** pour les plus jeunes.

2 Phrases utiles

Répétez les phrases suivantes, puis refaites l'exercice avec le cache.

Me gustaría invitarte a cenar. mé goustaria inbitarté à thénar	*J'aimerais t'inviter à dîner.*
¿Estás libre el miércoles que viene? estas libré el miercolès ké biéné	*Tu es libre mercredi prochain ?*
Quizá otro día. kitha otro dia	*Un autre jour, peut-être.*

Conseil culturel Quand quelqu'un vous invite chez lui pour la première fois, il est d'usage d'amener des fleurs ou une bouteille de vin. Si la personne vous invite une seconde fois, amenez quelque chose d'un peu plus personnel puisque vous connaissez sa maison.

3 En conversation

¿Quieres venir a comer el martes? kiérès bénir a comer el martès

Veux-tu venir déjeuner mardi ?

Lo siento, estoy ocupada. lo siento, estoï ocoupada

Je suis désolée, je suis prise.

¿Qué tal el jueves? ké tal el rhouèbès

Et jeudi ?

4 Les mots à retenir

Répétez les mots ci-dessous, puis refaites l'exercice avec le cache.

la invitada
la inbit<u>a</u>da
invitée

la anfitriona
la anfitri<u>o</u>na
hôtesse

fête	**la fiesta** la fi<u>e</u>sta	
dîner	**la cena** la th<u>é</u>na	
invitation	**la invitación** la inbitath<u>i</u>on	
réception	**la recepción** la rréthepth<u>i</u>on	
cocktail (soirée)	**el coctel** el c<u>o</u>ctel	

5 Mettez en pratique

Prenez part à la conversation.

¿Puede venir a una recepción esta noche? pou<u>é</u>dé b<u>é</u>nir a <u>ou</u>na rréthepth<u>i</u>on esta n<u>o</u>tché *Pouvez-vous venir à une réception, ce soir ?*	**Sí, encantado/-a.** si, encant<u>a</u>do/a
Dites : Oui, j'en serais ravi/e.	
Empieza a las ocho. empi<u>é</u>tha a las <u>o</u>tcho *Ça commence à 8h00.*	**¿Qué me pongo?** ké mé p<u>o</u>ngo
Demandez : Qu'est-ce que je vais mettre ?	

Gracias por invitarnos.
<u>grathias</u> por inbit<u>a</u>rnos
Merci de nous avoir invités.

Encantada.
encant<u>a</u>da

J'en serais ravie.

Ven con tu marido.
ven con t<u>ou</u> mar<u>i</u>do

Viens avec ton mari.

Gracias, ¿a qué hora?
<u>grathias</u>. a ké <u>o</u>ra

Merci. À quelle heure ?

Respuestas
Réponses
Rabattez le cache

Repase y repita
Révisions

1 Les animaux

1 **el pez**
el peth

2 **el pájaro**
el parharo

3 **el conejo**
el conérho

4 **el gato**
el gato

5 **el hámster**
el jamster

6 **el perro**
el perro

1 Les animaux

Donnez le nom des animaux suivants.

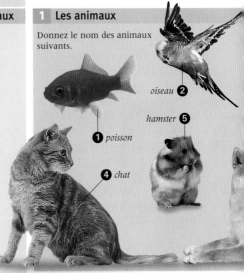

oiseau ❷

hamster ❺

❶ poisson

❹ chat

2 J'aime...

1 **Me gusta el fútbol.**
mé gousta el foutbol

2 **No me gusta el golf.**
no mé gousta el golf

3 **Me gusta pintar.**
mé gousta pintar

4 **No me gustan las flores.**
no mé goustan las florès

2 J'aime...

Comment dit-on… ?

1 *J'aime le football.*

2 *Je n'aime pas le golf.*

3 *J'aime peindre.*

4 *Je n'aime pas les fleurs.*

3 lapin

6 chien

3 Hacer

Complétez les phrases suivantes avec la forme correcte de **hacer** (*faire*).

1 Vosotros ____ senderismo.

2 Ella ____ eso todos los días.

3 ¿Qué ____ tú?

4 Hoy no ____ frío.

5 ¿Qué ____ ellos esta noche?

6 Yo ____ natación.

3 Hacer

1 hacéis
athéis

2 hace
athé

3 haces
athès

4 hace
athé

5 hacen
athèn

6 hago
ago

4 Invitation

Vous êtes invité à déjeuner. Prenez part à la conversation et formulez vos réponses en espagnol selon les instructions données.

¿Quieres venir a comer el viernes?
1 *Je suis désolée, je suis prise.*

¿Qué tal el sábado?
2 *J'en serais ravie.*

Ven con los niños.
3 *Merci. À quelle heure ?*

A las doce y media.
4 *Ça me va.*

4 Invitation

1 **Lo siento, estoy ocupado/-a.**
lo siento, estoï ocoupado/a

2 **Encantado/a.**
Encantado/a

3 **Gracias. ¿A qué hora?**
grathias. a ké ora

4 **Muy bien.**
moui bién

Consolider ses connaissances et progresser

Seule une pratique régulière vous permettra de conserver vos acquis et de faire des progrès. Vous trouverez dans ce chapitre de nombreuses idées pour consolider et approfondir votre connaissance de l'espagnol. Nous vous suggérons entre autres de refaire les exercices proposés tout au long de cette méthode et d'utiliser les dictionnaires pour enrichir votre vocabulaire. Revoyez les leçons dans un ordre différent, variez les activités pour établir votre propre programme de 15 minutes par jour ou concentrez-vous sur les sujets qui vous intéressent plus particulièrement.

Restez échauffé

Passez en revue les boîtes S'échauffer de manière à vous remémorer les mots et les phrases importantes. Faites cet exercice régulièrement pour n'en oublier aucune.

1 S'échauffer

Comment dit-on « Je suis désolé » ? (pp. 32-33)

Demandez « Je voudrais un rendez-vous ». (pp. 22-23 et pp. 32-33)

Comment dit-on « quand ? » en espagnol ? (pp. 32-33)

2 Je voudrais

Dites « Je voudrais… »

❶ café noir
❷ churros
❸ sucre
❹ café crème

Révisions

Refaites les exercices des pages de révision pour bien mémoriser le vocabulaire vu au cours de la leçon. En cas de doute, n'hésitez pas à revenir sur la leçon qui vous pose problème.

3 En conversation : taxi

Continuez à dialoguer
Relisez les tableaux En conversation. Répétez les répliques des deux interlocuteurs en faisant attention à la prononciation. Essayez d'introduire des mots nouveaux pris dans le dictionnaire.

A la Plaza de España, por favor.
a la platha dé espagna, por fabor

Place d'Espagne, s'il vous plaît.

Sí, de acuerdo, señor.
si, dé akouerdo ségnor

Oui, entendu, monsieur.

¿Me puede dejar aqu[í] por favor?
mé pouédé dérhar ak[í] por fabor

Vous pouvez me laiss[er] ici, s'il vous plaît ?

4 Phrases utiles

Apprenez les phrases suivantes. Puis refaites l'exercice avec le cache.

ABIERTO OPEN	À quelle heure ouvrez/fermez-vous ?	¿A qué hora abre/cierra? a ké ora abré/cierra
	Où sont les toilettes ?	¿Dónde están los servicios? dondé estan los serbicios
	Y a-t-il un accès pour fauteuils roulants ?	¿Hay acceso para sillas de ruedas? aï aksesso para sillas dé rouèdas

Phrases utiles
Refaites les exercices des tableaux Phrases utiles et Mettez en pratique. Puis, recommencez avec le cache. Quand vous n'avez plus aucun problème, essayez de construire de nouvelles phrases en utilisant les mots du dictionnaire.

Faites correspondre, répétez et approfondissez
Révisez le vocabulaire relatif aux différents thèmes abordés en refaisant les exercices des tableaux Faites correspondre et répétez et Les mots à retenir. Puis recommencez avec le cache. Découvrez des mots nouveaux se rapportant aux mêmes sujets en vous référant au dictionnaire et au lexique culinaire.

5 Faites correspondre et répétez

Faites correspondre les légumes ci-dessous à leurs équivalents espagnols.

1 **los tomates**
   los tomates

2 **las judías**
   las rhoudias

3 **los champiñones**
   los champignonès

4 **las uvas**
   las oubas

5 **los pepinos**
   los pépinos

6 **las alcachofas**
   las alcatchofas

7 **los guisantes**
   los guisantès

8 **los pimientos**
   los pimientos

❷ *haricot*

❸ *champignons*

❹ *raisins*

❶ *tomates*

❺ *concombres*   *petits pois* ❼

artichauts ❻   *poivrons* ❽

Dites-le encore
Les exercices proposés dans la boîte Dites-le vous offrent un rapide récapitulatif des thèmes abordés dans chaque leçon. Variez le vocabulaire en vous référant au dictionnaire ou aux autres mots vus au cours de la leçon.

6 Dites-le

La pelouse a besoin d'être arrosée.

Y a-t-il des arbres ?

Le jardinier vient le vendredi.

Utilisez d'autres ressources

Ne vous limitez pas à ce livre de conversation.

• Visitez un pays hispanophone et mettez vos connaissances à l'épreuve en discutant avec des personnes de langue maternelle espagnole. Il existe peut-être une communauté d'hispanophones près de chez vous (magasins, cafés, restaurants ou clubs), renseignez-vous. Le cas échéant, passez commande en espagnol et essayez d'engager la conversation. La plupart seront ravis de parler espagnol avec vous.

• Inscrivez-vous à un cours d'espagnol. Qu'il s'agisse de cours du soir ou autre, vous avez de grandes chances de trouver un cours correspondant à votre niveau. Ou, si vous avez des amis qui souhaitent entretenir leur espagnol, fondez votre propre club et organisez des rencontres.

• Feuilletez les magazines et les journaux espagnols. Les photos vous aideront à comprendre le texte. La publicité est aussi un bon moyen d'enrichir votre vocabulaire.

• Utilisez Internet, vous y découvrirez de nombreux sites relatifs à l'apprentissage des langues étrangères. Certains offrent même une aide ou des activités gratuites. Les sites espagnols sont nombreux ; vous trouverez les réponses à toutes vos questions, de la location saisonnière à comment faire prendre un bain à votre chien. Vous pourrez y écouter la radio et même y regarder la télé. Connectez-vous à un moteur de recherche espagnol, comme *ozu.es*, et tapez le nom de l'activité qui vous intéresse ou lancez-vous un défi comme trouver un deux-pièces à louer à Madrid.

Lexique culinaire

Vous trouverez dans ce petit guide les termes qui apparaissent le plus souvent sur les menus espagnols et la plupart des ingrédients dont vous aurez besoin pour cuisiner. Si vous ne trouvez pas le nom exact d'un plat, regardez aux ingrédients.

A

aceitunas *olives*
acelgas *bettes*
achicoria *chicorée*
aguacate *avocat*
ahumados *fumé*
agua mineral *eau minérale*
ajo *ail*
al ajillo *à l'ail*
a la parrilla *grillé*
a la plancha *grillé*
albaricoques *abricots*
albóndigas *boulettes de viande*
alcachofas *artichaut*
alcaparras *câpres*
al horno *au four*
allioli *ailloli*
almejas *palourdes*
almejas a la marinera *palourdes préparées dans leur jus, avec du persil et du vin*
almejas naturales *palourdes vivantes*
almendras *amandes*
almíbar *sirop*
alubias *haricots blancs*
ancas de rana *cuisses de grenouilles*
anchoas *anchois*
anguila *anguille*
angulas *alevin d'anguille*
arenque *hareng*
arroz a la cubana *riz avec œufs frits et beignets de banane*
arroz a la valenciana *riz aux fruits de mer*
arroz con leche *riz au lait*
asados *rôtis*
atún *thon*
azúcar *sucre*

B

bacalao a la vizcaína *morue servie avec du jambon, des poivrons et des piments*
bacalao al pil pil *morue sèche avec sauce piquante à l'ail*
batido *milk-shake*
bebidas *boissons*
berenjenas *aubergine*
besugo al horno *daurade au four*

bistec de ternera *escalope de veau*
bonito *thon*
boquerones fritos *anchois frais frits*
brazo gitano *gâteau roulé*
brocheta de riñones *brochette de rognons*
buñuelos *beignets*
butifarra *saucisse catalane*

C

cabrito asado *chevreau rôti*
cacahuetes *cacahouète*
cachelada *ragoût de porc aux œufs, tomates et oignons*
café *café*
café con leche *café crème*
calabacines *courgettes*
calabaza *potiron*
calamares a la romana *calamars panés frits*
calamares en su tinta *calamars cuits dans leur encre*
caldeirada *soupe de poisson*
caldereta gallega *mélange de légumes cuits*
caldo de... *bouillon de...*
caldo guanche *soupe de pommes de terre, tomates, oignons et courgettes*
callos a la madrileña *tripes aux piments*
camarones *crevettes*
canela *cannelle*
cangrejos *crabes*
caracoles *escargots*
caramelos *bonbons*
carnes *viandes*
castañas *châtaignes*
cebolla *oignon*
cebolletas *petits oignons*
centollo *araignée*
cerdo *porc*
cerezas *cerises*
cerveza *bière*
cesta de frutas *assortiment de fruits frais*
champiñones *champignons*
chanquetes *alevin d'anchois préparé en friture*
chipirones *encornets*
chipirones en su tinta *encornets farcis dans leur encre*
chocos *seiche*

chorizo *chorizo*
chuleta de buey *côte de bœuf*
chuleta de cerdo *côtelette de porc*
chuleta de cerdo empanada *côtelette de porc panée*
chuleta de cordero *côtelette d'agneau*
chuleta de ternera *côtelette de veau*
chuletas de lomo ahumado *côtelette de porc fumé*
chuletitas de cordero *petites côtelettes d'agneau*
chuletón *grosse côtelette*
churros *glongs beignets*
cigalas *langoustines*
cigalas cocidas *langoustines cuites*
ciruelas *prunes*
ciruelas pasas *pruneaux*
cochinillo asado *cochon de lait rôti*
cocido *pot-au-feu aux pois chiches*
cocktail de bogavante *cocktail de homard*
cococha (de merluza) *merlu cuit à l'étouffée*
cóctel de gambas *cocktail de gambas*
cóctel de langostinos *cocktail de grosses crevettes roses*
cóctel de mariscos *cocktail de fruits de mer*
codornices *cailles*
codornices escabechadas *cailles marinées*
codornices estofadas *cailles braisées*
col *chou*
coles de Bruselas *choux de Bruxelles*
coliflor *chou-fleur*
coñac *cognac*
conejo *lapin*
conejo encebollado *lapin aux oignons*
congrio *congre*
consomé con yema *consommé au jaune d'œuf*
consomé de ave *consommé de volaille*
contra de ternera con guisantes *ragoût de veau aux petits pois*

contrafilete de ternera *escalope de veau*
copa *verre (de vin)*
copa de helado *coupe de glace (parfum au choix)*
cordero asado *agneau rôti*
cordero chilindrón *ragoût d'agneau aux oignons, tomates, poivrons et œufs*
costillas de cerdo *côtes de porc*
crema catalana *crème brûlée*
cremada *dessert à base d'œufs, de sucre et de lait*
crema de... *crème de... , soupe*
crema de legumbres *velouté de légumes*
crepe imperiale *crêpe suzette*
criadillas de tierra *truffes*
crocante *glace aux éclats de noisettes*
croquetas *croquettes*
cuajada *lait caillé*

D, E

dátiles *dates*
embutidos *charcuterie*
embutidos de la tierra *charcuterie de pays*
empanada gallega *chausson fourré*
empanada santiaguesa *chausson fourré au poisson*
empanadillas *petits chaussons fourrés*
endivia *endive*
en escabeche *mariné*
ensalada *salade*
ensalada de arenque *salade de hareng*
ensalada ilustrada *salade mixte*
ensalada mixta *salade mixte*
ensalada simple *salade verte*
ensaladilla rusa *salade russe (légumes à la mayonnaise)*
entrecot a la parrilla *entrecôte grillée*
entremeses *hors-d'œuvre*
escalope a la milanesa *veau pané au fromage*
escalope a la parrilla *veau grillé*
escalope a la plancha *veau grillé*
escalope de lomo de cerdo *escalope de porc dans l'échine*
escalope de ternera *escalope de veau*
escalope empanado *escalope panée*
escalopines al vino de Marsala *vescalopes de veau au vin de Marsala*

escalopines de ternera *escalopes de veau*
espadín a la toledana *kebab*
espaguetis *spaghettis*
espárragos *asperges*
espárragos trigueros *asperges vertes*
espinacas *épinards*
espinazo de cerdo con patatas *ragoût d'échines de porc aux pommes de terre*
estofado *braisé, cuit à l'étouffée*
estragón *estragon*

F

fabada (asturiana) *ragoût de haricots et de porc, boudin, chorizo, pomme de terre*
faisán *faisan*
faisán trufado *faisan aux truffes*
fiambres *charcuterie*
fideos *vermicelle*
filete a la parrilla *bifteck grillé*
filete de cerdo *filet de porc*
filete de ternera *filet de veau*
flan *flan*
frambuesas *framboises*
fresas *fraises*
fritos *frits*
fruta *fruit*

G

gallina en pepitoria *poulet aux poivrons*
gambas *gambas*
gambas cocidas *gambas cuites*
gambas en gabardina *gambas panées et frites*
gambas rebozadas *gambas panées et frites*
garbanzos *pois chiches*
garbanzos a la catalana *pois chiches avec saucisse, œufs durs et pignons de pin*
gazpacho andaluz *soupe à base de concombre et de tomate servie froide*
gelatina de ... *gelée de...*
gratén de ... *gratin de...*
granizada *glace pillée aux arômes divers*
gratinada/o *gratiné*
grillado *grillé*
guisantes *petits pois*
guisantes salteados *petits pois sautés*

H

habas *fèves*
habichuelas *haricots blancs*
helado *glace*

helado de vainilla *glace à la vanille*
helado de turrón *glace au nougat*
hígado *foie*
hígado de ternera *foie de veau*
hígado estofado *foie braisé*
higos con miel y nueces *figues avec miel et noisettes*
higos secos *figues sèches*
horchata (de chufas) *orgeat*
huevo hilado *garniture au jaune d'œuf*
huevos *œufs*
huevos a la flamenca *œufs cuits au four sur un hachis de viande et de légumes épicés*
huevos cocidos *œufs durs*
huevos con patatas fritas *œufs au plat avec frites*
huevos con picadillo *œufs avec viande hachée*
huevos duros *œufs durs*
huevos escalfados *œufs pochés*
huevos pasados por agua *œufs à la coque*
huevos revueltos *œufs brouillés*

J

jamón *jambon*
jamón con huevo hilado *jambon avec garniture au jaune d'œuf*
jamón serrano *jambon de montagne*
jarra de vino *pichet de vin*
jerez *xérès, sherry*
jeta *joues de cochon*
judías verdes *haricots verts*
judías verdes a la española *haricots verts cuits à l'étouffée*
judías verdes al natural *haricots verts natures*
jugo de ... *jus de...*

L

langosta *langouste*
langosta a la americana *langouste à l'ail et au cognac*
langosta a la catalana *langouste aux champignons, au jambon et à la béchamel*
langosta fría con mayonesa *langouste froide avec mayonnaise*
langostinos (grosses) *crevettes roses*
laurel *laurier*
leche *lait*

leche frita *pudding à base de lait et d'œufs*
leche merengada *lait froid avec meringue*
lechuga *laitue*
lengua de buey *langue de bœuf*
lengua de cordero *langue d'agneau*
lenguado a la romana *sole panée*
lenguado meuniere *sole meunière (passée dans la farine puis frite)*
lentejas *lentilles*
lentejas aliñadas *lentilles à la vinaigrette*
licores *liqueurs, alcool*
liebre estofada *civet de lièvre*
lima *citron vert*
limón *citron*
lombarda *chou rouge*
lomo curado *saucisson à base d'échine de porc*
lonchas de jamón *tranches de jambon fumé*
longaniza *saucisse mi-sèche, mi-fumée aromatisée au piment et à l'anis*
lubina *bar, loup de mer*
lubina a la marinera *bar à la sauce persillée*

M
macedonia de fruta *salade de fruits*
mahonesa or mayonesa *mayonnaise*
Málaga *vin doux*
mandarinas *mandarines*
manitas de cordero *jarret d'agneau*
manos de cerdo *pieds de cochon*
manos de cerdo a la parrilla *pieds de cochon grillés*
mantecadas *madeleines*
mantequilla *beurre*
manzanas *pommes*
mariscada *plateau de fruits de mer*
mariscos del día *fruits de mer du jour*
mariscos del tiempo *fruits de mer de saison*
medallones *médaillons*
media de agua *demi-bouteille d'eau minérale*
mejillones *moules*
mejillones a la marinera *moules aux échalotes et au vin blanc*
melocotón *pêche*
melón *melon*
menestra de legumbres *jardinière de légumes*
menú de la casa *formule (menu)*

merluza *colin*
merluza a la cazuela *colin à la casserole*
merluza al ajo arriero *colin à l'ail et au piment*
merluza a la riojana *colin aux piments*
merluza a la romana *filets de colin pané*
merluza a la vasca *colin dans une sauce à l'ail*
merluza en salsa *colin en sauce*
merluza en salsa verde *colin au vin blanc et au persil*
merluza fría *colin servi froid*
merluza frita *colin frit*
mermelada *confiture*
mero *mérou*
mero en salsa verde *mérou au vin blanc et au persil*
mollejas de ternera fritas *ris de veau frits*
morcilla *boudin noir*
morcilla de carnero *boudin noir à base de mouton*
morros de cerdo *museau de porc*
morros de vaca *museau de bœuf*
mortadela *mortadelle*
morteruelo *type de pâté*

N, O
nabo *navet*
naranjas *oranges*
nata *crème*
natillas *entremet*
níscalos *champignons sauvages*
nueces *noix*
orejas de cerdo *oreilles de cochon*

P
paella *paella*
paella castellana *paella à la viande*
paella valenciana *paella au fruits de mer, lapin et poulet*
paleta de cordero lechal *épaule d'agneau*
pan *pain*
panache de verduras *légumes variés cuits*
panceta *lard*
parrillada de caza *assortiment de grillades de gibier*
parrillada de mariscos *assortiment de crustacés grillés*
pasas *raisins secs*
pastel de ternera *tourte au veau*

pasteles *gâteaux*
patatas a la pescadora *pommes de terres avec poisson*
patatas asadas *pommes de terres rôties*
patatas bravas *pommes de terre avec sauce tomate relevée*
patatas fritas *frites*
patitos rellenos *canetons farcis*
pato a la naranja *canard à l'orange*
pavo *dinde*
pavo trufado *dinde farcie aux truffes*
pecho de ternera *poitrine de veau*
pechuga de pollo *blanc de poulet*
pepinillos *cornichons*
pepino *concombre*
peras *poires*
percebes *pouces-pieds (crustacés comestibles)*
perdices a la campesina *perdrix avec des légumes*
perdices a la mancheGa *perdrix au vin rouge, à l'ail, aux herbes et au poivre*
perdices escabechadas *perdrix marinées*
perejil *persil*
perritos calientes *hot-dogs*
pescaditos fritos *poissons frits*
pestiños *pâtisseries aromatisées à l'anis*
pez espada *espadon*
picadillo de ternera *hachis de veau*
pimienta *poivre noir*
pimientos *piments*
pimientos a la riojana *poivrons rouges cuits frits à l'ail et à l'huile*
pimientos morrones *poivrons*
pimientos verdes *poivrons verts*
piña al gratín *ananas au gratin*
piña fresca *ananas frais*
pinchitos/pinchos *mini-brochettes de viande/ portions servies comme tapas*
pinchos morunos *brochettes de viande de porc*
piñones *pignons de pin*
pisto *ratatouille*
pisto manchego *courge à la tomate et aux oignons*
plátanos *bananes*
plátanos flameados *bananes flambées*
pollo *poulet*

pollo a la riojana *poulet aux poivrons et aux piments*
pollo al ajillo *poulet frit à l'ail*
pollo asado *poulet rôti*
pollo braseado *poulet braisé*
pollo en pepitoria *poulet au vin, au safran, à l'ail et aux amandes*
pollos tomateros con zanahorias *jeune poulet aux carottes*
pomelo *pamplemousse*
potaje castellano *potage épais*
potaje de ... *ragoût de...*
puchero canario *pot-au-feu à base de mouton, pois chiches et maïs*
pulpitos con cebolla *jeunes poulpes aux oignons*
pulpo *poulpe*
purrusalda *cabillaud aux pommes de terre et aux poireaux*

Q

queso con membrillo *fromage avec gelée de coings*
queso de Burgos *fromage frais*
queso del país *fromage de pays*
queso de oveja *fromage au lait de brebis*
queso gallego *fromage crémeux*
queso manchego *fromage au lait de brebis à pâte dure*

R

rábanos *radis*
ragout de ternera *ragoût de veau*
rape a la americana *lotte aux herbes et au cognac*
rape a la cazuela *lotte à la casserole*
raya *raie*
rebozado *pané*
redondo al horno *filet de bœuf rôti*
rellenos *farcis*
remolacha *betterave*
repollo *chou*
repostería de la casa *pâtisserie maison*
requesón *sorte de fromage frais*
revuelto de ... *œufs brouillés à...*
revuelto mixto *œufs brouillés aux légumes*

riñones *rognons*
rodaballo *turbot*
romero *romarin*
ron *rhum*
roscas *couronnes de pain brioché*

S

sal *sel*
salchichas *saucisses*
salchichas de Frankfurt *saucisses de Francfort*
salchichón *saucisson*
salmón ahumado *saumon fumé*
salmonetes *rouget*
salmonetes en papillote *rouget en papillote*
salmón frío *saumon froid*
salmorejo *sauce à base de pain, tomate, huile, vinaigre, poivron vert et ail*
salpicón de mariscos *fruits de mer en vinaigrette*
salsa *sauce*
salsa bechamel *béchamel*
salsa holandesa *sauce hollandaise*
sandía *pastèque*
sardinas a la brasa *sardines grillées*
seco *sec*
semidulce *demi-doux*
sesos *cervelle*
sesos a la romana *cervelle panée frite*
sesos rebozados *cervelle panée*
setas *champignons*
sidra *cidre*
sobreasada *saucisson au poivre de Cayenne*
solomillo *filet de bœuf*
solomillo de ternera *filet de veau*
solomillo frío *rôti de bœuf froid*
sopa *soupe*
sopa castellana *soupe de légumes*
sopa de almendras *soupe aux amandes*
sopa de cola de buey *soupe à la queue de bœuf*
sopa de gallina *soupe de volaille*
sopa de marisco *soupe de poissons et de coquillages*
sopa de rabo de buey *soupe à la queue de bœuf*
sopa mallorquina *soupe à la tomate, à la viande et aux œufs*
sopa sevillana *soupe de poisson avec mayonnaise*
soufflé de fresones *soufflé aux fraises*

T

tallarines *nouilles*
tallarines a la italiana *tagliatelles*
tarta *gâteau, tarte*
tarta de la casa *gâteau fait maison*
tarta de manzana *tarte aux pommes*
tencas *tanche*
ternera asada *veau rôti*
tocinillos del cielo *crème caramel très sucrée*
tomates *tomates*
tomillo *thym*
torrijas *pain perdu*
tortilla a la paisana *omelette aux légumes*
tortilla a su gusto *omelette avec ingrédients au choix*
tortilla de escabeche *omelette au poisson*
tortilla española *omelette espagnole aux pommes de terre, oignons et ail*
tortilla sacromonte *omelette aux légumes, à la saucisse et cervelle*
tournedó *tournedos*
trucha *truite*
trucha ahumada *truite fumée*
trucha escabechada *truite marinée*
truchas a la marinera *truite au vin blanc*
truchas molinera *truite meunière (passée dans la farine puis frite)*
trufas *truffes*
turrón *nougat*

U, V

uvas *raisin*
verduras *légumes*
vieiras *coquilles Saint-Jacques*
vino de mesa/blanco /rosado/tinto *vin de table/blanc/rosé/rouge*

Z

zanahorias a la crema *carottes à la crème*
zarzuela de mariscos *ragoût de fruits de mer*
zarzuela de pescados y mariscos *ragoût de poissons et de fruits de mer*
zumo de ... *jus de...*

Dictionnaire
Français-Espagnol

Le genre des noms espagnols est indiqué par l'abréviation
(m) pour le masculin et (f) pour le féminin. Les noms au
pluriel sont suivis de l'abréviation (m/pl) ou (f/pl). Si nous
avons choisi de ne retenir que leur forme masculine,
n'oubliez pas que les adjectifs (adj) s'accordent en genre et
en nombre avec le nom qu'ils qualifient. Les adjectifs se
terminant par -o se terminent par -a au féminin, et ceux
qui se terminent par -e sont la plupart du temps
invariables. La marque du pluriel est le -s.

A

à l'hôtel en el hotel ;
  à Barcelone
  en Barcelona ;
  à la poste en correos ;
  à la gare en la
  estación ; *à trois*
  heures a las tres
abat-jour la pantalla
abricot el albaricoque
accélérateur
  el acelerador
accident el accidente
acheter comprar
adaptateur el adaptador
addition la cuenta
adresse la dirección ;
  adresse électronique
  la dirección de email
aéroglisseur
  el aerodeslizador
aéroport el aeropuerto
affaire, commerce
  el negocio
affaire en or la ganga
agence la agencia
agence de voyages
  la agencia de viajes
agenda la agenda
agneau el cordero
agrafeuse la grapadora
agrandissement
  la ampliación
agréable agradable
aide la ayuda
aider ayudar
aiguille la aguja
ail el ajo
aile el ala
ailleurs en otro sitio
aimer querer, gustar ;
  j'aime nager
  me gusta nadar
air el aire
air conditionné
  el aire acondicionado
alcool el alcohol
Algérie Argelia
allemand alemán
Allemagne Alemania
aller ir, andar ;
  aller faire du ski

ir a esquiar ; aller faire
  les courses
  ir de compras ;
  aller en Espagne ir a
  España
allergique alérgico
aller-retour el billete de
  ida y vuelta ; *aller*
  simple el billete de ida
allez-vous en ! ¡ váyase !
allô ? ¿digame?
allumage el encendido
allumette la cerilla
alors entonces
amant/e amante (m/f)
ambassade la embajada
ambulance
  la ambulancia
amer amargo
américain/e
  americano/a
Amérique América
Amérique du Sud
  Sudamérica
ami/e el/la amigo/a
amour el amor
amphithéâtre
  el anfiteatro
ampoule, cloque
  la ampolla
ampoule électrique
  la bombilla
amusant, drôle
  divertido
an, année el año
analyses de sang
  el análisis de sangre
ananas la piña
anglais inglés/esa
Angleterre Inglaterra
animal el animal ;
  animaux de compagnie
  los animales de
  compañia, los
  animales domésticos
anneau (bague) el anillo
anniversaire
  el cumpleaños ;
  joyeux anniversaire !
  ¡felicidades!
annuaire
  la guía telefónica
antigel el anticongelante

anti-puces
  el spray antipulgas
antiquaire el anticuario
antiseptique
  el antiséptico
août agosto
apéritif el aperitivo
appartement, étage
  el piso
appât el cebo
appareil auditif
  el audífono
appareil photo
  la máquina de fotos,
  la cámara de fotos
appartement
  el apartamento
appétit el apetito
apporter traer
apprendre aprender
apprenti el aprendiz
après después ; *après…*
  después de…
après-rasage
  el after-shave
après-shampoing
  el acondicionador
araignée la araña
arbre el árbol
arènes la plaza de toros
argent el dinero ;
  je n'ai pas d'argent
  no tengo dinero;
  (couleur) la plata
argenté plateado
armoire el armario
arrêt de bus la parada
arrêter parar
arrière (pas devant)
  la parte de atrás
arriver llegar
art el arte
artichaut la alcachofa
artiste artista (m/f)
ascenseur el ascensor
aspirateur la aspiradora
aspirine la aspirina
assez, plutôt bastante
assiette el plato
asthmatique asmático
assurance el seguro ;
  (adj) *sûr*
attacher atar

attendre esperar ;
attendez ! ¡espere!
attention !
¡cuidado!
atterrir aterrizar
attirant atractivo
attraper coger ; *prendre
le train* coger el tren
auberge la fonda
auberge de jeunesse
el albergue juvenil
aubergines
las berenjenas
aucun ninguno/a ;
aucun d'eux
ninguno de ellos
aujourd'hui hoy
au revoir adiós
aussi también
Australie Australia
australien/ne
australiano/a (m/f)
automatique
automático
autoroute la autopista
autre otro ; *l'autre*
el otro ; *l'un ou
l'autre* cualquiera de
ellos
avant… antes de…
avec con
averse la chaparrón
aveugle ciego
avion el avión
avocat abogado/a
(m/f)
avoir tener ; *j'ai* tengo ;
je n'ai pas no tengo ;
avez-vous ? ¿tiene? ;
j'ai chaud tengo calor ;
puis-je avoir… ?
¿me pone...?
avril abril
axe, essieu el eje

B

bacon el bacon
bagages el equipaje ;
bagage à main
el equipaje de mano
baignoire el baño
bain el baño ; *prendre
un bain* darse un baño ;
maillot de bain el treje
de baño *baignoire,
salle de bains*
balcon el balcón
Baléares las (Islas)
baleares
balle la pelota
ballon de football
el balón ; *ballon de
plage* el balón de playa
banane el plátano
bandage la venda
banlieue las afueras
banque el banco
bar el bar
barbe la barba
barbecue la barbacoa

barque la barca
bas bajo ; vers le bas
hacia abajo
bas las medias,
los pantis
basket (sport)
el baloncesto
bateau el barco ; *bateau
à moteur* la motora ;
bateau à vapeur
el vapor
batterie la batería
beau guapo
beaucoup de…
mucho …; *beaucoup
mieux* mucho mejor ;
*beaucoup plus
lentement* mucho más
despacio ; *pas
beaucoup* no muchos
beau-fils el hijastro
beau-père el padastro
bébé el bebé, el niño
pequeño
beige beige
beignet el dónut
belle-fille la hijastra
belle-mère la madastra
bénéfices los beneficios
béquilles las muletas
berceau la cuna
*besoin : il n'y a pas
besoin* no hace falta ;
j'ai besoin de…
necesito.
beurre la mantequilla
bibliothèque
la biblioteca
bicyclette la bicicleta ;
VTT bicicleta de
montaña
bien bien ; *ça te va bien*
te sienta bien
bienvenue bienvenido ;
souhaiter la bienvenue
dar la bienvenida
bière la cerveza
bifteck el filete
bigoudis los rulos
bijouterie la joyería
billet (train, etc.) el
billete
billet de banque
el billete de banco
biscuit, gâteau
el bizcocho, la galleta
blague
la broma, el chiste
blanc blanco
blessure la herida
bleu (adj) azul ; *bleu,
hématome* el cardenal
bloc-notes el bloc
bloc opératoire
el quirófano
blond rubio
bœuf la carne de vaca
boire beber ; *vous
voulez boire quelque
chose ?* ¿quiere beber
algo?

bois la madera
boisson la bébida
boîte la caja ; *boîte de
chocolats* la caja de
bombones ; *boîte de
vitesses* la caja de
cambios
boîte aux lettres
el buzón
boîte de conserve la lata
boîte vocale
la mensajería de voz
bon bueno
bonbons los caramelos
bonjour
buenos días, hola
bonne nuit
buenas noches
bonnet el gorro
bonsoir buenas tardes
bord el borde
botte la bota ; *bottes en
caoutchouc* las botas
de agua
bouche la boca
boucherie la carnicería
bouchon el tapón ;
(en liège) el corcho
boucles (cheveux) los
rizos ; *boucles d'oreille*
los pendientes
bouger mover ;
se bouger moverse ;
ne bougez pas ! ¡no se
mueva!
bougie la vela
bouillir, faire bouillir
hervir ; *bouilli* hervido
bouilloire
el hervidor de agua
boulangerie
la panedería
bouteille la botella
bouton el botón ;
boutons de manchette
los gemelos
bracelet la pulsera
bras el brazo
bretelles los tirantes
bridge (jeu) el bridge
briquet el encendedor
britannique británico/a
(m/f)
broche el prendedor
brochure, dépliant
el folleto
broderie el bordado
bronzage el bronceado ;
bronzé (adj)
bronzer
broncearse/tomar el
sol
brosse el cepillo ; *brosse
à cheveux* el cepillo del
pelo ; *brosse à dents* el
cepillo de dientes
se brosser les cheveux
cepillar el pelo
brouillard la niebla
brûler quemar
brûlure la quemadura

bruyant ruidoso

budget el presupuesto

buraliste el estanco

bureau la oficina ;
bureau des objets trouvés la oficina de objetos perdidos ;
bureau la mesa de escritorio ; (*pièce*) el despacho

bus el autobús

bus de l'aéroport el autobús del aeropuerto

C

cabas el capazo

cabine téléphonique la cabina telefónica

cacahouètes los cacahuetes

cadeau el regalo ;
cadeau d'anniversaire el regalo de cumpleaños

cadenas el candado

cadre el ejecutivo

cafard la cucaracha

café el café ; *café crème* el café con leche ; *café instantané* el café instantáneo ; *expresso* el café solo

cage la jaula

cahier el cuaderno

caissier el cajero

calculatrice la calculadora

camescope la videocámara

camion el camión

campagne el campo

camping el camping ;
camping-car la autocaravana ;
camping-gaz el camping-gas

Canada Canadá

canadien canadiense

canal el canal

canapé el sofá

Canaries Canarias ; las Islas Canarias

caniveau el arroyo

canot (à rames) la barca de remos

caoutchouc la goma

capot el capó

caravane la caravana, la roulotte

carburateur el carburador

cardigan la rebeca

carnet de chèques el talonario

carotte la zanahoria

carré (adj) cuadrado

carreau (cartes) los diamantes

carte la tarjeta ; *carte bancaire* la tarjeta de

banco ; *carte de crédit* la tarjeta de crédito ;
carte d'embarquement la tarjeta de embarque ;
carte de visite la tarjeta de visita ; *carte de téléphone* la tarjeta telefónica ; *la carte des vins* la carta de vinos

carte (géographique) el mapa

carte postale la postal

cascade la cascada

casquette la gorra

cassé roto

casse-croûte bocadillo

casserole el cazo

cassette la cinta ; *cassette vidéo* la cinta de vídeo

castagnettes las castañuelas

castillan castellano

Castille Castilla

Catalogne Cataluña

cathédrale la catedral

catholique católico

caution la señal

cave (à vin) la bodega

CD el disco compacto

ce, cette, ce...-ci, celle...-ci este/esta ; *cet homme-ci* este hombre ; *cette femme-ci* esta mujer ;
qu'est-ce que c'est ? ¿qué es esto? ;
voici M... este es el señor...

ce, cette, ce...-là, celle...-là ese/esa ; *ce bus-là* ese autobús ;
cet homme-là ese hombre ; *cette femme-là* esa mujer ; *qu'est-ce que c'est ?* ¿qué es eso?

ceinture el cinturón ;
ceinture de sécurité el cinturón de seguridad

célibataire soltero/a (m/f)

celui-là, celle-là ése/ésa ;
ce bus-là ese autobús ;
cet homme-là ése hombre ; *cette femme-là* ésa mujer ; *qu'est-ce que c'est ?* ¿qué es éso?

cendrier el cenicero

cent cien

centre el centro ; *centre-ville* ; *centre sportif* el centro deportivo ; *au milieu* en el centro

cerise la cereza

certain, certainement cierto

certificat el certificado

ces, ces...-là esos/esas ;
ces hommes-là esos hombres ; *ces femmes-là* esas mujeres

ceux-ci, celles-ci estos/estas ; *ces hommes-ci* estos hombres ; *ces femmes-ci* estas mujeres ; *ceux-ci sont à moi* estos son míos

chacun, chaque cada ;
vingt euros chacun veinte euros cada uno

chaîne hi-fi el equipo de música

chaise la silla ; *fauteuil roulant* la silla de ruedas

châle el chal

chambre la habitación, el dormitorio ;
chambre double la habitación doble ;
chambre simple la habitación individual ;
chambres (libres) habitaciones libres

chambre à air la cámara neumática

champ el campo

champignons (de Paris) los champiñones ; *las setas*

chance la suerte ; *bonne chance* ¡suerte!

changer (argent) cambiar ; (vêtements) *se changer* cambiarse

chanson la canción

chanter cantar

chapeau el sombrero

charcuterie la charcutería

chargeur el cargador

chariot el carrito

charpentier, menuisier el carpintero

chat el gato

châtain, marron castaño

château el castillo

chaud caliente ;
(temps) caluroso

chauffage la calefacción ;
chauffage central la calefacción central

chauffe-eau el calentador (de agua)

chauffeur (de bus) el conductor

chaussettes los calcetines

chaussons las zapatillas

chaussures los zapatos ;
chaussures de sport las zapatillas de deporte

chef el jefe ;
chef d'orchestre director/a (m/f) de orquesta

chemin el camino

chemin de fer el ferrocarril

cheminée la chimenea

chemise la camisa ; *chemise de nuit* el camisón

chemisier la blusa

chèque el cheque ; *chèque de voyage* el cheque de viaje

cher (onéreux) caro ; *pas cher* barato ; (personne) querido

cheveux el pelo

cheville (corps) el tobillo

chewing-gum el chicle

chez chez vous en su casa ; *chez le médecin* al médico

chien el perro

chiffon el trapo

chocolat el chocolate

chou la col ; *chou-fleur* la coliflor

ciel el cielo

cigare el puro

cigarette el cigarrillo

cimetière el cementerio

cinéma el cine

cinq cinco

cinquante cincuenta

cintre la percha

cirage la crema de zapatos/el betún

ciseaux la tijeras

citron el limon

citron vert la lima

clair (eau) claro ; *pas sombre*

classe ; cours la clase

clavier el teclado

clé la llave ; *clé cruciforme* la llave de las tuercas ; *clé anglaise* la llave inglesa

client el cliente

clignotant el intermitente

cloche (église) la campana

clou el clavo

cocktail el coctel

code el código ; *code de la route* el código de la circulación ; *code postal* el código postal

cœur el corazón ; (cartes) los corazones

coffre el arcón ; (voiture) el maletero

cognac el coñac

coin el rincón ; (de rue) la esquina

col el cuello

collants las medias

colle el pegamento

collection (timbres, etc.) la colección

collier el collar

combinaison (sous-vêtement) la combinación

combien cuánto ; *c'est combien ?* ¿cuánto cuesta?

comme como ; *comme celui-ci* como este

commencer empezar

comment ¿cómo? ; *comment vous appelez-vous ?* ¿cómo se llame usted? *comment vas-tu/allez-vous ?* ¿qué tal?

commissariat la comisaría

commode la cómoda

compagnie aérienne la compañía aéria

compartiment el compartimiento/ departamento

complètement completamente

compliqué complicado

comprendre entender ; *je comprends* entiendo ; *je ne comprends pas* no entiendo

comprimé la pastilla

comptable contable (m/f)

comptoir el mostrador ; *comptoir d'enregistrement* el mostrador de facturación

concert el concierto

concombre el pepino

conduire conducir

conducteur el conductor

conférence la conferencia ; *salle de conférence* la sala de conferencia

confiture la mermelada ; *marmelade d'orange* la mermelada de naranja

congélateur el congelador

connaître conocer

consulat el consulado

content contento

contraceptif el anticonceptivo

contrat el contrato

contre contra

coquille la concha

corde la cuerda

corne el cuerno

corps el cuerpo

correct correcto

correspondant/e el/la amigo/a por correspondencia

corrida la corrida de toros

cosmétiques los cosméticos

costume el traje

(à) côté de al lado de

côtelette la chuleta

coton el algodón

cou el cuello

couche el pañal ; *couches à jeter* los pañales desechables

coude el codo

coudre coser

couette el edredón

couloir el pasillo

coup de soleil la quemadura de sol

coupe de cheveux el corte de pelo

coupe-ongles el cortaúñas

couper cortar

coupure la cortadura

courant, ordinaire corriente

courir correr

couteau, canif la navaja

coûter costar ; *combien ça coûte ?* ¿cuánto cuesta?

courrier el correo ; *recommandé* el correo certificado ; *courrier électronique* el correo electrónico

courses la compra

cousin el primo

coussin el cojín

couteau el cuchillo

couverture la manta

couvre-lit la colcha

crabe el cangrejo

crampe el calambre

cravate la corbata

crayon el lápiz

crème (produit laitier) la nata ; (lotion) la crema ; *crème solaire* la loción bronceadora/ crema solar

crêpes las crepes

crevaison el pinchazo

crevettes las gambas

crier gritar

croire creer ; *je crois que…* creo que…

croisière el crucero

cuisine ; cuisinière la cocina

cuisinier/ère cocinero/a (m/f)

cuillère la cuchara

cuir el cuero

cuire cocer

cuire au four cocer al horno

cuisiner guisar

curé el cura

curry el curry

cyclisme el ciclismo

cyclomoteur el ciclomotor

D

dangereux peligroso

danse el baile

danser bailar

de ; de algún modo
*d'une manière ou
d'une autre*

début el principio

débutant/e principiante
(m/f)

décembre diciembre

déclaration(déposition)
la declaración

décollage el despegue

dehors fuera

déjà ya

déjeuner el almuerzo

demain mañana

déménager mudarse
(de casa)

demi medio ; *demi-
heure* media hora ,
demi-pension media
pensión

demi-sec (vin) semi-
seco, (xérès)
amontillado

dent el diente

dentelle el encaje

dentier
la dentadura postiza

dentifrice
la pasta dentífrica

dentiste dentista (m/f)

déodorant
el desodorante

départ la salida ; *départs*
las salidas

département (rayon,
service) el
departamento

dépression nerveuse
la crisis nerviosa

dernier último

derrière... detras de... ;
(fesses) el trasero

descendre (bus, etc.)
bajarse

dessert el postre

dessinateur/trice
el diseñador/
la diseñadora

*dessous en dessous
de...*debajo de...

*dessus au-dessus
de...*encima de...

se détendre relajarse

deux dos ; *les deux* los
dos

devant... delante de...

développer (film)
revelar

devis el presupuesto

diabétique diabético

diarrhée la diarrea

dictionnaire el diccionario

différent diferente

difficile difícil

dimanche domingo

dîner la cena

dire decir ; *qu'avez-vous
dit ?* ¿qué ha dicho? ;
comment dit-on...?
¿cómo se dice...?

directeur (hôtel)
director/a (m/f)

discothèque la discoteca

discussion la charla

disque (musique)
el disco

disponible disponible

distance la distancia ; *il
y a combien de
kilomètres jusqu'à...?*
¿qué distancia hay
hasta...?

distinct, différent distinto ;
ce n'est pas pareil!
¡eso es distinto! ; *j'en
voudrais un différent*
quería otro distinto

distractions
las diversiones

distributeur
el cajero automático

divorcé divorciado

dix diez

dix-huit dieciocho

dix-sept diecisiete

dix-neuf diecinueve

document el documento

doigt el dedo

dollar el dólar

donner dar ; *donnez-le
moi* démelo

dormir dormir

dos la espalda

douane la aduana

doubler (voiture)
adelantar

douche la ducha

doux (sucré) dulce

douze doce

drap la sábana

drapeau la bandera

droit el derecho ; (adj)
droit (pas gauche)

dunes las dunas

dur duro

duty-free, hors taxes
el duty free

E

eau el agua ; *eau
gazeuse* el agua con
gas ; *eau minérale*
el agua mineral ;
eau potable el agua
potable ; *eau plate* el
agua sin gas ; *eau de
Seltz* la soda

eau de Javel la lejía

échangeur el paso
elevado

écharpe la bufanda

échecs el ajedrez

école la escuela

écossais/e
escocés/escocesa
(m/f)

Ecosse Escocia

écouteurs los auriculares

écran la pantalla

écrou la tuerca

édifice el edificio

église la iglesia

élastique la goma ; (adj)
elástico

électricité la electricidad

électricien/ne electricista
(m/f)

électrique eléctrico

elle, la ella ; *c'est pour
elle* es para ella

embarrassant
embarazoso/molesto

embouteillage el atasco

employé el empleado

en en ; *en anglais* en
inglés

encaisser cobrar

enceinte embarazada

enchanté/e encantado/a

encore todavía ; *pas
encore* todavía no

encre la tinta

endroit el sitio

enfant el niño/la niña ;
les enfants los niños

enfin ! ¡por fin!

ennuyeux aburrido

enregistrement
la facturación

enregistrer facturar

ensemble juntos

entendre oír

entre... entre...

entrée, billet la entrada

enveloppe el sobre

envoyer mandar ;
(expédier) echar el
correo

épais grueso

épaule el hombro

épicerie la tienda ; *de
comestibles* la tienda
de ultramarinos

épileptique epiléptico

épinards las espinacas

épingle el alfiler ;
épingle à nourrice el
imperdible

erreur la equivocación

erroné equivocado

escalier la escalera ;
escalator la escálera
mecánica ; *escaliers* las
escaleras

Espagne España

espagnol/e español/a
(m/f)

essayer intentar

essence la gasolina ;
essence à briquet el gas
para el encendedor

est ise ; *l'Est* el Est

estomac el estómago

États-Unis Estados
Unidos

étiquette la etiqueta

étoile la estrella

étouffant sofocante

étourdissements
el mareo
(pris d') mareado

étranger/ère
extranjero/a (m/f)
être ser ; *je suis* soy ;
tu es eres ; *il/elle est*,
vous êtes (sing) es ;
nous sommes somos ;
vous êtes sois ; *ils sont*
son ; *j'étais* era ; *tu*
étais eras ; *il/elle était*,
vous étiez (sing) era ;
nous étions éramos ;
vous étiez erais ; *ils*
étaient eran ; *n'est-ce*
pas ? ¿verdad?
être estar ; *je suis* estoy ;
tu es estás ; *il/elle est*,
vous êtes (sing) está ;
nous sommes estamos ;
vous êtes estáis ; *ils*
sont están ; *j'étais*
estaba ; *tu étais*
estabas ; *il/elle était*,
vous étiez (sing)
estaba ; *nous étions*
estábamos ; *vous étiez*
estabais ; *ils étaient*
estaban
étroit (adj) estrecho
étudiant/e
el/la estudiante
s'évanouir desmayarse
éventail el abanico
évident evidente
évier el fregadero
examen la prueba
excellent excelente
excès de bagages
el exceso de equipaje
excursion la excursión
excusez-moi !
(pour éternuement,
etc.) ¡perdón!
exemple el ejemplo ; *par*
exemple por ejemplo
exposition la exposición
externe externa
extincteur el extinctor

F

en face de enfrente de... ;
en face de l'hôtel
enfrente del hotel
facile fácil
facteur el cartero
facture la factura
faim el hambre ; *j'ai*
faim tengo hambre
faire hacer ; *faire du*
stop hacer autostop ;
faire un footing hacer
footing ; *tricoter* hacer
punto ; *changer* (de
trains, etc.) hacer
transbordo ; *il fait*
soleil hace sol
falloir : il faut que j'y
aille tengo que irme ;
il faut que je... tengo
que...
famille la familia

fan (enthousiaste)
el fan
fantastique fántastico
farine la harina
fatigué cansado
fax el fax
faxer enviar por fax
félicitations !
¡enhorabuena!
femme, épouse la mujer
femme de ménage
la asistenta
fenêtre la ventana
fer el hierro
fer à repasser la plancha
fer-blanc la hojalata
ferme la granja
fermé cerrado
fermer cerrar
fermeture éclair
la cremallera
fermier el granjero
ferry-boat el ferry
fête la fiesta
feu el fuego ; *feux*
d'artifice los fuegos
artificiales
feu de camp la hoguera
feux de position
las luces de posición
feux tricolores el
semáforo
feuille
(de papier) la hoja
feutre (marqueur)
el rotulador
février febrero
fiancé (adj)
prometido/a (m/f)
fièvre la fiebre
figue el higo
fille la chica ; (enfant
de) la hija
film (cinéma) la
película ; *film en*
couleur la película en
color
fils el hijo
filtre el filtro
fin el fin, el final
flash (appareil photo)
el flash
fleur la flor
fleuve el río
flûte la flauta
foie el hígado
foire, fête foraine
la feria
fonctionner funcionar
fontaine la fuente
football el fútbol
fond el fondo
forêt el bosque
formulaire de demande
el impreso de solicitud
fort fuerte
fou loco
foulard el pañuelo
four el horno ;
four à micro-ondes
el microondas

fourche
(de jardin) la horca
fourchette el tenedor
frais fresco
fraises las fresas
framboise la frambuesa
français/e francés
France Francia
frange (cheveux)
el flequillo
free-lance
autónomo/a (m/f)
frein el freno ; *frein*
d'urgence el freno de
emergencia ; *frein à*
main el freno de mano
freiner frenar
fréquenté, bondé
concurrido
frère el hermano
frire freír ; *frit* frito
froid frío (adj) ; *j'ai*
froid tengo frío
fromage el queso
frontière la frontera
fruit la fruta
fruits de mer
los mariscos
fumée el humo
fumer fumar
fusil la escopeta

G

galerie la galería de arte
gallois/e galés/esa
(m/f)
gambas las gambas
gants los guantes
garage el garage ;
(pour réparations)
el taller
garantie la garantía
garantir garantizar
garçon el chico
gardien el portero ;
gardien de nuit
el vigilante nocturno
garer aparcar
garniture, farce
el relleno
gas-oil el gasoil
gâteau (petit) el pastel ;
gâteau, tarte la tarta
gauche (pas droite)
izquierdo
gay (homosexuel) gay
gel (pour cheveux) el gel ;
gel-douche el gel de
ducha
général general ; *en*
général en general
genou la rodilla
gérant/e el/la gerente,
el encargado
Gibraltar Gibraltar
gin la ginebra
gingembre el jengibre
givre la escarcha
glace el hielo ; (crème
glacée) el helado

golfe de Gascogne
el Golfo de Vizcaya
gomme
la goma de borrar
gorge la garganta
gouvernement
el gobierno
gros gordo
grotte la cueva
gouttes las gotas
grand grande ;
(*personne*) alto
Grande-Bretagne
Gran Bretaña
grand magasin
los grandes almacenes
grand-mère la abuela
grands-parents
los abuelos
grand-père el abuelo
gras (*viande*, etc.) `
la grasa
gratuit gratis
grenier el desván
grill la parilla ; *grillé* a
la plancha
grille la verja
gris gris
groupe el grupo ;
(*musiciens*) la banda
guêpe la avispa
guerre la guerra
gueule de bois la resaca
guichet la taquilla
guide el/la guía ;
guide touristique
la guía turística
guitare la guitarra

H

hache el hacha
haie el seto
hamburger
la hamburguesa
hamster el hámster
handicapé minusválido
haricots las judias
haut alto ; *en haut*
arriba ; *vers le haut*
hacia arriba
hépatite la hepatitis
herbe la hierba
heure la hora ;
quelle heure est-il ?
¿qué hora es?
heureux feliz
hier ayer
histoire la historia ;
histoire drôle el chiste
hobby el hobby
homme el hombre
homéopathie
la homeopatía
honnête honrado
hôpital el hospital
horaire el horario ;
horaires d'ouverture
el horario de apertura
horloge el reloj
horrible horrible

hors-d'œuvre
los entrantes
hors-taxes
libre de impuestos
hôtesse la anfitriona
huile el aceite ; *huile*
d'olive el aceite de oliva
huit ocho
huître la ostra
humide húmedo
hydrofoil la hidroaleta

I

il, lui, le él ; *c'est pour*
lui es para él
il y a... hay ; *y a-t-il ?*
¿hay?
île la isla
ils, elles, eux ellos/ellas ;
c'est pour eux es para
ellos/ellas
immédiatement
inmediatamente
immeuble de bureaux
el bloque de oficinas
imperméable
la gabardina
importance ça n'a pas
d'importance no
importa
impossible imposible
imprimante
la impresora
incendie el incendio
inclus, compris incluido
indice de protection
el factor de protección
indigestion
la indigestión
infection la infección
infirmier/ère
enfermero/a
information
la información ;
(*radio*) *informations*
las noticias
ingénierie la ingeniería
inhabituel poco común
inhalateur
(*pour asthme*, etc.)
el inhalador, el spray
injection la inyección
insolation la insolación
insomnie el insomnio
instrument de musique
el instrumento musical
interdit prohibido
intéressant interesante
internet el internet
interprète
intérprete (m/f)
interpréter interpretar
interrupteur
el interruptor
intoxication alimentaire
la intoxicación
alimenticia
invitation la invitación
invité la invitada
irlandais/e irlandés/esa

Irlande Irlanda ; *Irlande*
du Nord Irlanda del
Norte
Italie Italia
Italien/ne italiano/a
ivre borracho

J, K

jamais nunca
jambe la pierna
jambon el jamón
janvier enero
jardin el jardín
jaune amarillo
jazz el jazz
je yo
jeans los tejanos, los
vaqueros
jeu de cartes la baraja
jeudi jueves
jeune joven
jeux vidéos
los vídeo-juegos
joli bonito
jouer jugar
jouet el juguete
jour el día ; *jour férié* el
día de fiesta/el día
festivo
journal el peridióco
joyeux alegre
juillet julio
juin junio
jungle la selva
jupe la falda
jus el zumo ; *jus de fruit*
el zumo de frutas ;
jus d'orange el zumo
de naranjas ; *jus de*
tomate el zumo de
tomate
jusqu'à hasta
juste ce n'est pas juste
no hay derecho

K, L

kilo el kilo
kilomètre el kilómetro
klaxon el clacson
la la
là, là-bas allí
lac el lago
lacets los cordones (de
los zapatos)
laid feo
laine la lana
laisse la correa
lait la leche ;
lait de toilette
la leche limpiadora
laitue la lechuga
lames de rasoir
las cuchillas de afeitar
lampe la lámpara ;
lampe d'architecte
el flexo ; *lampe de*
chevet la lamparilla de
noche

langue la lengua ;
   (langage) el idioma
langouste la langosta
langoustines las cigalas
lapin el conejo
laque la laca
lavabo el lavabo
lavomatic la lavandería
   automática
lave-vaisselle
   el lavavajillas
laxatif el laxante
le/la lo/la
léger (adj) ligero
légumes la verdura
lent lento
lentille la lente ; *lentilles*
   las lentes de contacto ;
   lentilles perméables à
   l'oxygène las lentes de
   contacto semi-rígidas
lequel ? ¿cual?
les los (m/pl), las (f/pl)
lessive la colada ;
   (produit)
   el detergente, el jabón
   de lavadora
lettre (de l'alphabet)
   la letra ; (courrier) la
   carta
levée (du courrier) la
   recogida
se lever levantarse
levier de vitesse
   la palanca de
   velocidades
libre (disponible) *libre*
lieu, endroit el lugar ;
   attractions touristiques
   los lugares de interés
   de...
ligne (téléphonique,
   etc.) la línea
lime à ongles la lima de
   uñas
limite de vitesse
   el límite de velocidad
limonade la limonada
linge la ropa ; *linge de*
   lit la ropa de cama ;
   linge (sale) la ropa
   sucia
lingettes pour bébé,
   las toallitas para bebé
liqueur el licor
lire leer
liste la lista
lit la cama
litre el litro
littérature la literatura
livraison la entrega
livre el libro
livre sterling la libra
logement el alojamiento
loin lejos
long largo
longueur la longitud
loquet el picaporte
lotion la loción ; *lotion*
   anti-moustiques la
   loción anti-mosquitos

louer alquilar
lourd pesado
lumière la luz
lundi lunes
lune la luna
lunettes las gafas ;
   lunettes de soleil las
   gafas de sol

M

machine à écrire
   la máquina de escribir
machine à laver
   la lavadora
maçon el albañil
madame señora
mademoiselle señorita
magasin la tienda ;
   magasin de disques la
   tienda de discos ;
   magasin de chaussures
   la zapatería
magazine la revista
magnétoscope
   el (aparato de) vídeo
mai mayo
maigre, mince delgado
mail el email
maillot de corps
   la camiseta
main la mano
maintenant ahora ;
   et maintenant ?
   ¿y ahora qué?
mairie el ayuntamiento
mais pero
maison la casa ;
   à la maison en casa ;
   maison de campagne
   el chalet
Majorque Mallorca
mal el dolor ; *mal de*
   tête el dolor de cabeza ;
   mal de ventre el dolor
   de estómago ; *mal de*
   dents el dolor de
   muelas
malin listo
maman mamá
manche la manga
mandarine
   la mandarina
manger comer
manteau el abrigo
maquillage el maquillaje
marbre el mármol
marchand de journaux
   el kiosko de periódicos
marchand de légumes el
   verdulero
marchand de vin
   el vinatero
marché el mercado
mardi martes
marée la marea
margarine
   la margarina
mari el marido
mariage la boda
marié casado

Maroc Marruecos
marron marrón
mars marzo
marteau el martillo
mascara el rímel
match el partido
matelas el colchón ;
   matelas pneumatique
   la colchoneta
matin la mañana ;
   le matin por la
   mañana
mauvais malo ; *le plus*
   mauvais peor
mauvaises herbes
   las malas hierbas
mécanicien el mecánico
méchant malo
médecin
   médico/a (m/f)
médecine la medicina
Méditerranée
   el Mediterráneo
méduse la medusa
meilleur mejor
melon el melón
même mismo ; *la même*
   robe el mismo vestido ;
   les mêmes gens la
   misma gente ; *la*
   même chose, s'il vous
   plaît lo mismo otra
   vez, por favor
menu du jour
   el menú (del día)
mer el mar
merci gracias
mercredi miércoles
mère la madre
message el recado, el
   mensaje
messe la misa
métro el metro
mettre poner
meubles los muebles
midi el mediodía
miel la miel
mieux mejor
mille mil
minuit medianoche
minute el minuto
miroir el espejo
mode la moda
modem el modem
à moi mió ; *c'est à moi*
   es mió
moins menos
mois el mes
molaire la muela
mon, ma, mes mi(s) ;
   mon livre mi libro ;
   mes clés mis llaves
moniteur (ordinateur)
   el monitor
monnaie el cambio
monsieur señor
mont el monte
montagne la montaña
monter (bus, train,
   etc.) subirse
montre el reloj

monument el monumento
morceau el pedazo
mordre morder
morsure la mordedura
mort muerto
mosaïque el mosaico
mot la palabra
mot de passe la contraseña
moteur el motor
motocyclette la motocicleta
mou blando
mouche la mosca
mouchoirs en papier los pañuelos de papel
mouillé mojado
moulant, serré ajustado
moules los mejillones
mourir morir
mousse à raser la espuma de afeitar
mousse coiffante la espuma moldeadora
moustache el bigote
moustique el mosquito
moutarde la mostaza
mug la jarrita
mur (extérieur) el muro ; (intérieur) la pared
mûr maduro
mûres las moras
musée el museo
musicien el músico
musique la música ;
    musique classique la música clásica ;
    musique folk la música folklórica ;
    musique pop la música pop

N

nager nadar
natation la natación
nausée la náusea ; tengo náuseas *j'ai la nausée*
né je suis né en… nací en…
nécessaire necesario
négatif (photo) el negativo
neige la nieve
néo-zélandais neozelandés (m/f)
ne… pas no
neuf nueve
neveu el sobrino
nez la nariz
nièce la sobrina
nier negar
ni… ni… ni… ni…
Noël la navidad
noir negro
noix la nuez
nom et le nombre ; nom de famille el apellido
nombre, numéro

el número ; *nombres* los números
non no
nord el norte
notre nuestro ; *c'est à nous* es nuestro
nourriture la comida
nous nosotros/as ; *c'est pour nous* es para nosotros/as
nouveau nuevo ; *de nouveau* otra vez
Nouvelle-Zélande Nueva Zelanda
novembre noviembre
nudiste nudista (m/f)
nuit la noche
nulle part en ninguna parte

O

ou o ; *ou…ou…o bien…* o…
obturateur el obturador
océan Atlantique Océano Atlántico
occupé, pris ocupado
octobre octubre
oculiste el oculista
odeur el olor
oeil el ojo
œuf el huevo
office du tourisme la oficina de turismo
oignon la cebolla
oiseau el pájaro
OK vale
olive la aceituna
olivier el olivo
omelette la tortilla
oncle el tío
ondulé (cheveux) ondulado
ongle la uña
onze once
opération la operación
opératrice la operadora
or el oro
orage la tormenta
orange (fruit) la naranja ; (adj)
orchestre la orquesta
ordinateur el ordenador
ordonnance la receta
ordre du jour el orden del día
ordures la basura
oreille la oreja ; (ouïe) el oído
oreiller la almohada
orgue el órgano
os el hueso
où ? ¿dónde? où est…? ¿dónde está…?
oublier olvidar
ouest el oeste
oui sí
ouvert (adj) abierto
ouvre-bouteilles el abrebotellas

ouvre-boîtes el abrelatas
ouvrir abrir

P

page la página
palace el palacio
paiement el pago
pain el pan
pain au lait el bollo
paire el par
pâle pálido
panier el cesto
panne la avería ; *je suis tombé en panne* he tenido una avería
pansement la tirita
pantalon el pantalón
papa papá
papier el papel ;
    papier cadeau el papel de envolver ;
    papier à lettres el papel de escribir ;
    papier toilette el papel higiénico ; *papiers filtres* los papeles de filtro
paquet (colis) el paquete ; (cigarettes) la cajetilla
par por ; *par avion* por avión
paraffine la parafina
parapluie el paraguas
parasol la sombrilla
parc el parque
parce que porque
pardon ? ¿cómo dice?
pare-brise el parabrisas
pare-chocs el parachoques
parent el pariente ;
    parents los padres
paresseux perezoso/vago
parfait perfecto
parfois a veces
parfum el perfume
parking el aparcamiento ;
    parking interdit prohibido aparcar
parler hablar ; *vous parlez…?* ¿habla…? ;
    je ne parle pas… no hablo…
parterre el parterre
parti (politique) el partido
partout por todas partes
passager el pasajero
passeport el pasaporte
pastille la pastilla ;
    pastilles de menthe las pastillas de menta ;
    pastilles contre la toux las pastillas para la garganta
pâte la pasta
patiner patinar

patins à glace
los patines

pâtisserie la pastelería

pauvre pobre

pavillon el chalet

payer pagar; *payer cash*
pagar al contado

pays el país

pays de Galles Gales

pêche (fruit)
el melocotón; la pesca

pêcher pescar; *aller à
la pêche* ir a pescar

peigne el peine

peigner peinar

peintre el pintor

peinture la pintura

pelle la pala

pelouse el césped

pendant durante

penser pensar; *j'y
penserai* lo pensaré

pension complète
la pensión completa

pépinière el vivero

père el padre

perle la perla

permanente
la permanente

permis el permiso;
permis de conduire
el carnet de conducir

persiennes las persianas

persil el perejil

personne nadie

petit pequeño

petit ami el novio; *petite
amie* la novia

petit-déjeuner
el desayuno

petit-fils el nieto; *petite-
fille* la nieta

petits pois los guisantes

un peu poco, poquito;
juste un peu solo un
poquito

peut-être quizás

pharmacie la farmacia

phares los faros

photo la foto(grafía)

photocopieuse
la fotocopiadora

photographe
el fotógrafo

photographier
fotografiar

piano el piano

pickpocket el carterista

pièce (de monnaie) la
moneda; *pièce de
théâtre* la obra de
teatro

pied el pie

piéton el peatón

pieuvre el pulpo

pile (torche, etc.) la pila

pilote el piloto

piment el pimiento

pin el pino

PIN (code secret)
el pin

pince la pinza; *pince à
épiler* las pinzas

pipe la pipa

pique (cartes) las picas

pique-nique el picnic

piquer (insecte) picar

piquet la estaca, la
estaquilla

piquet de tente el mástil

piqûre (d'insecte)
la picadura

piscine la piscina;
piscine municipale
la piscina municipal

piste la pista

pistolet la pistola

piston el pistón

pizza la pizza

place, emplacement
la plaza

plafond el techo

plage la playa

plainte (à la police)
la denuncia

plaire gustar; *s'il
te/vous plaît* por favor;
(pour attirer
l'attention) ¡oiga por
favor!

plan el plano; (adj) *plat*

planche à voile la tabla
de windsurfing

plante la planta

*plaque
d'immatriculation*
la matrícula

plastique el plástico;
film fraîcheur el
plástico para envolver

plat el plato; *plat
principal* el plato
principal; *plats
cuisinés* los platos
preparados

plein (bondé) lleno;
je suis plein/rassasié
estoy lleno

pleurer llorar

plombage
(dent) el empaste

plombier el fontanero/la
fontanera

pluie la lluvia

plume la pluma;
stylo-plume
la pluma estilográfia

plus más; *plus de…*
más de…; *plus tard*
más tarde

pneu el neumático

poche el bolsillo

poêle (pour se
chauffer) la estufa

poêle la sartén

poignée de main
el apretón de manos

poignet la muñeca

pointe la punta

poire la pera

poison el veneno

poisson (animal) el pez;
(nourriture)
el pescado

poissonnerie la pescadería

poitrine el pecho

poivron el pimiento

police la policía

policier el policía

politique la política

pommade la pomada

pomme la manzana

pomme de terre
la patata; *frites, chips*
las patatas fritas

pont el puente

porc la carne de cerdo

porcelaine la porcelana

port el puerto

porte la puerta; *porte
d'embarquement*
la puerta de embarque

porte-bagages; galerie
la rejilla de equipaje

porte-monnaie
el monedero

portefeuille la cartera

portier el conserje

porto el oporto

portugais portugués

Portugal Portugal

posemètre el fotómetro

possible posible

Poste (la oficina de)
Correos

poster el póster

pot d'échappement
el tubo de escape

poubelle el cubo de la
basura, el contenedor
de basura

poudre el polvo;
talc el talco

poulet el pollo

pour por

pour para; *c'est pour
moi* es para mí; *pour
vendredi* para el
viernes; *pourquoi?*
¿por qué?; *pour une
semaine* para una
semana

pourboire la propina

pousser empujar

poussette la sillita de
ruedas, el cochecito

pouvoir poder; *je peux*
puedo; *je ne peux pas*
no puedo; *pouvez-
vous…?* ¿puede…?

préférer preferir

près cerca

préservatif el condón

premier étage el primer
piso

premier primero;
première classe de
primera; *premiers
secours* primeros
auxilios

prendre tomar; *prendre
le soleil* tomar el sol

prénom el nombre de pila
pressé prisa ; *je suis pressé* tengo prisa
près de junto a ; *près de la porte* junto a la puerta ; *près de la fenêtre* junto a la ventana
presque casi
prêt listo
printemps la primavera
prise (de courant) el enchufe
privé privado
prix el precio ; *prix d'entrée* el precio de entrada
problème el problema
prochain próximo
produit el producto ; *produits de beauté* los productos de belleza ; *produits d'entretien* los productos del hogar ; *produits laitiers* los productos lácteos
professeur el profesor/la profesora
professeur d'université el profesor/la profesora de universidad, el catedrático
profession la profesión
profond profundo
programme el programa
promenade el paseo ; *faire une promenade* dar un paseo
propre (adj) limpio
prudent prudente
public público
puce (animal) la pulga
pull-over el jersey
punaise (clou) la chincheta
pyjama el pijama
Pyrénées los Pirineos

Q

quai el andén ; (port) el muelle
qualité la calidad
quand ? ¿cuándo?
quarante cuarenta
quart ; pièce, chambre el cuarto
quatorze catorce
quatre cuatro
quatre-vingt ochenta
quatre-vingt dix noventa
que que
quel âge avez-vous ? ¿cuántos años tiene?
quelque chose algo ; *quelque chose d'autre* algo más
quelque part en alguna parte

quelqu'un alguien ; *quelqu'un d'autre* alguien más
question la pregunta
queue la cola
qui ? ¿quién?
quincaillerie la ferretería
quinze quince
quoi ? ¿qué?

R

radiateur el radiador
radio la radio
radis el rábano
raie (cheveux) la raya
raisin las uvas ; *raisins secs* las pasas
rallonge (électrique) el cable alargador
ramener traer
ramer remar
rames los remos
randonnée el senderismo
rapide, vite rápido ; *le plus rapidement possible* lo antes posible
se rappeler acordarse ; *je me rappelle* me acuerdo ; *je ne me rappelle pas* no me acuerdo
rapport el informe
rare raro
rasage el afeitado ; *se raser* afeitarse
rat la rata
râteau el rastrillo
ravissant (objet) precioso
réception la recepción
réceptionniste el/la recepcionista
recette la receta
record (sport, etc.) el récord
récupérer quelque chose recobrar algo
réfrigérateur el frigorífico
refuser negar
regarder mirar
règle (pour mesurer) la regla
religion la religión
remercier agradecer
remise, réduction el descuento
remorque el remolque
rencontre el encuentro ; *je ne me sens pas bien* no me encuentro bien
rendez-vous la cita
rendre, restituer devolver
réparer arreglar
repas la comida
repasser (vêtements) planchar

se reposer descansar
répondeur el contestador automático
réservation la reserva
réservé, silencieux callado
réserver reservar
respirer respirar
responsable el encargado
ressort el muelle
restaurant el restaurante
reste el resto
en retard retrasado ; *le bus a du retard* el autobús se ha retrasado
réunion la reunión
réveil el despertador
revenir volver ; *nous revenons demain* volvemos mañana
rez-de-chaussée la planta baja
rhum el ron
rhume el resfriado ; *j'ai un rhume* tengo un resfriado ; *rhume des foins* la fiebre del heno
riche rico
rideau la cortina
rien nada ; *il ne reste rien* no queda nada ; *ça ne sert à rien* no sirve de nada ; *de rien* no hay de qué
rire reír
rivière el río
riz el arroz
robinet el grifo
roche la roca
rock (musique) el rock
rognon el riñón
roman la novela
rond redondo
rond-point la rotonda
room-service el servicio de habitaciones
rose (adj) rosa ; (nom) la rosa
rôti asado
roue la rueda ; *pneu à plat* la rueda pinchada
rouge rojo ; *(vin)* tinto
rouge à lèvres la barra de labios
route la carretera
rubis el rubí
rue la calle ; *rue principale* la calle principal
rugby el rugby
ruines las ruinas
ruisseau el arroyo

S

sable la arena
sac, paquet (bonbons, chips) la bolsa ;

sac plastique
la bolsa de plástico
sac à dos la mochila
sac à main el bolso
sac de couchage
el saco de dormir
saignant (steak) poco
hecho/pasado
salade la ensalada
sale sucio
salle à manger
el comedor
salle d'attente
la sala de espera
salle de bains el baño,
el cuarto de baño
salle de séjour
el cuarto de estar
salon el salón
salon de coiffure
la peluquería ; *coiffeur
pour hommes* la
peluquería de
caballeros
salut hola
samedi sábado
sandales las sandalias
sandwich el bocadillo
sang la sangre
sans sin ; *sans plomb*
sin plomo
santé ! ¡salud!
sauce la salsa
saucisse la salchicha
saumon el salmón
sauna la sauna
saveur el sabor
savoir saber ; *je ne sais
pas* no sé
savon el jabón
sciences las ciencias
Schweppes la tónica
seau el cubo
sec seco
sèche-cheveux
el secador (de pelo)
second (nom) el
segundo ; (adj) ;
seconde classe de
segunda
secouer agitar
seize dieciséis
sel la sal
semaine la semana ;
la semaine dernière
la semana pasada ;
la semaine prochaine
la semana que viene
séminaire el seminario
sentir (avec le nez)
oler
séparé separado
sept siete
septembre septiembre
sérieux serio
seringue la jeringuilla
séropositif seropositivo
serveur el camarero
s'il vous plaît !
¡camarero!
serveuse la camarera

service el servicio ;
service de radiologie
el servicio de radiología ;
service des urgences
el servicio de urgencia ;
service de pédiatrie
la sala de pediatría
serviette (de table)
la servilleta ; *serviette*
éponge la toalla ;
serviettes hygiéniques
las compresas
seul solo ; *tout seul*
yo solo
seulement sólo
shampoing el champú
short los pantalones
cortos
si si, tan
sida el Sida
siège el asiento ; *siège
auto* (pour enfant)
el asiento infantil
signifier significar ;
*qu'est-ce que ça veut
dire ?*
¿que significa esto?
simple sencillo
sirop el jarabe
site el sitio ; *site web*
el sitio web, el web site
six seis
skis los esquís
slip, caleçon
los calzoncillos ;
slip/maillot de bain
el bañador
sœur la hermana
soie la seda
soif sed ; *j'ai soif*
tengo sed
soir la tarde, *ce soir* esta
noche ; (adj) *tard ; il
se fait tard* se está
haciendo tarde
soixante sesenta
soixante-dix setenta
sol el suelo
soldes las rebajas
soleil el sol
solution pour lentilles
la solución limpiadora
para lentes
sombre, foncé oscuro ;
bleu foncé azul oscuro
sommeil el sueño
somnifère el somnífero
son, sa, ses su(s)
sonnette el timbre
sortie la salida ; *sortie de
secours* la salida de
emergencia
sortir salir
soucoupe el platillo
soupe la sopa
sourcil la ceja
sourd sordo
sourire sonreír ; (nom)
la sonrisa
souris el ratón
sous-sol el sótano

sous-vêtements
la ropa interior
soutien-gorge el sostén
souvenir el recuerdo
souvent a menudo
spécialité la especialidad
sport el deporte
station la estación ;
station de bus
la estación de
autobuses ; *station de
ski* la estación de esquí ;
station de métro
la estación de metro ;
station de taxi
la parada de taxis
station-service
la gasolinera
statue la estatua
stop ! ¡alto!
stupide estúpido
stylo-bille el bolígrafo
sucette (bonbon)
el chupa-chups
sucre el azúcar
sud el sur
suer sudar
sueur el sudor
suivant siguiente
supermarché
el supermercado
supplément
el suplemento
supporter (de football)
el hincha
suppositoire
el supositorio
sur sobre, encima de
surgelés los congelados
surtout sobre todo
survêtement el chandal
sweat-shirt la sudadera
sympathique simpático
synagogue la sinagoga

T

tabac el tabaco
table la mesa
table de chevet
la mesilla de noche
tablette de chocolat
la tableta de chocolate
taille-crayon
el sacapuntas
talon (pied) el talón ;
(chaussure) el tacón
tampons los tampones
tante la tía
tapis la alfombra
tapis de sol
la lona impermeable ;
el suelo aislante
tapisserie el tapiz
tarif la tarifa
tasse la taza
taureau el toro
taux de change el cambio
taxi el taxi
technicien el técnico
teindre (cheveux) teñir

teinturerie la tintorería
tellement tanto ; *pas*
  tellement no tanto ;
  autant de…que…
  tanto... como... ;
  tellement bien
  tan bueno
téléphérique el teleférico
téléphone el teléfono ;
  téléphone portable
  el (teléfono) móvil
téléphoner llamar por
  teléfono
télévision la televisión ;
  télévision câblée
  la televisión por cable
témoin el testigo
température
  la temperatura
tempête de neige
  la ventisca
temps el tiempo ;
  de temps en temps
  de vez en cuando
tennis el tenis
tente la tienda
  (de campaña)
terminal el terminal
terrasse la terraza
terre la tierra
terrine (plat) el cuenco
tête la cabeza
timbre el sello
tire-bouchon
  el sacacorchos
tirer tirar de
tissu la tela
thé el té
toast la tostada
toilettes (dans
  établissements
  publics) los servicios ;
  toilettes pour hommes
  los servicios de
  caballeros ; *toilettes
  pour femmes* los
  servicios de señoras ;
  (cuvette) el váter
toit el tejado
tomate el tomate
ton, ta, tes, toi tu(s) ;
  ton livre tu libro ;
  tes chaussures tus
  zapatos ; *c'est à toi ?*
  ¿es tuyo esto?
tondeuse la máquina
  cortacésped
torche la linterna
torchon el paño de
  cocina
torero el torero
tôt temprano
toucher tocar
toujours siempre
tour (édifice) la torre ;
  c'est mon tour
  me toca a mí
tourisme el turismo
touriste turista (m/f)
tourne-disque
  el tocadiscos

tournevis
  el destornillador
tournez
  (à gauche/droite)
  tuerza (a la
  izquierda/derecha)
tousser toser
tout todo ; *c'est tout eso*
  es todo ; *tous todos* ;
  tous les jours
  todos las días
toux la tos
tracteur el tractor
tradition la tradición
traducteur/trice
  traductor/a (m/f)
traduire traducir
trafic el tráfico
train el tren
train-couchettes
  el coche-cama
tranquille tranquilo
travail el trabajo
travailler trabajar
trèfle (cartes) los
  tréboles
treize trece
trente treinta
très muy
tricots los artículos de
  punto
triste triste
trois tres
troisième tercero
trop demasiado
trottoir la acera
tu tú
tunnel el túnel
tuyauterie, conduite
  la tubería

U

un uno
un/une un/a
unique único
université
  la universidad
urgences la emergencia
urgent urgente
usage el uso
ustensiles de cuisine
  los utensilios de cocina
utile útil
utiliser usar

V

vacances las vacaciones
vaccination la vacuna
vague (adj) tenue ;
  (nom) la ola
valise la maleta
vallée el valle
valve la válvula
vanille la vainilla
vapeur el vapor ;
  à la vapeur al vapor
vase el jarrón

veau la ternera
végétarien vegetariano
véhicule el vehículo
vendre vender
vendredi viernes
venir venir ; *venez ici !*
  ¡venga aquí!
vent el viento
ventes las ventas
ventilateur el ventilador
vernis à ongle
  el esmalte de uñas
verre (substance)
  el cristal ; (pour
  boire) la copa, el vaso
verrou el cerrojo
verrouiller
  echar el cerrojo
vert verde
veste la chaqueta
vêtements la ropa
vétérinaire el veterinario
viande la carne
vide vacío
vidéo (film) el vídeo
vie la vida
vieux viejo
village el pueblo
ville la ciudad ; *centre-
  ville* el centro ciudad
vin el vino
vinaigre el vinagre
vingt veinte
violet morado
violon el violín
vis el tornillo
visage la cara
viseur
  el visor de imagen
visite la visita ; *heures
  de visite* las horas de
  visita ; *visite guidée* la
  visita con guía
visiter visitar
visiteur visitante (m/f)
vitamines las vitaminas
vitesse la velocidad
vodka la vodka
voile la vela
voilier el balandro
voir ver ; *je ne vois pas*
  no veo
voiture el coche
voix la voz
vol (oiseau) el vuelo ;
  (voleur) el robo
volailles las aves
voler (oiseau) volar ;
  (dérober) robar ;
  *ça a été
  volé* lo han rabado
volet (fenêtre)
  el postigo
voleur el ladrón
vomir devolver
votre, vos
  (vouvoiement) su(s) ;
  c'est à vous ?
  ¿es suyo esto?
vouloir querer
vous usted

voyage el viaje ; *voyage de noces* el viaje de novios
voyager viajar
vrai verdad ; *c'est vrai* es verdad
vue la vista

W, Y, Z

wagon el vagón ; *wagon-restaurant* el vagón-restaurante

whisky el whisky
xérès el jerez ; *très sec* fino ; *grand cru* oloroso
yaourt el yogur
zone piétonne la zona peatonal
zoo el zoo

Dictionnaire
Espagnol-*Français*

Le genre des noms espagnols est indiqué par l'abréviation (m) pour le masculin et (f) pour le féminin. Les noms au pluriel sont suivis de l'abréviation (m/pl) ou (f/pl). Si nous avons choisi de ne retenir que leur forme masculine, n'oubliez pas que les adjectifs (adj) s'accordent en genre et en nombre avec le nom qu'ils qualifient. Les adjectifs se terminant par -o se terminent par -a au féminin, et ceux qui se terminent par -e sont la plupart du temps invariables. La marque du pluriel est le -s.

A

a *en, à, chez ;* a América *en Amérique ;* a la estación *à la gare ;* al médico *chez le médecin ;* a las tres *à trois heures*
abanico (m) *éventail*
abierto *ouvert* (adj)
abogado/abogada (m/f) *avocat*
abrebotellas (m) *ouvre-bouteilles*
abrelatas (m) *ouvre-boîtes*
abrigo (m) *manteau*
abril *avril*
abrir *ouvrir*
abuela (f) *grand-mère*
abuelo (m) *grand-père*
abuelos (m/pl) *grands-parents*
aburrido *ennuyeux*
acaba de llegar *ça vient juste d'arriver*
accidente (m) *accident*
aceite (m) *huile ;* el aceite de oliva *huile d'olive*
aceituna (f) *olive*
acelerador (m) *accélérateur*
acera (f) *trottoir*
acondicionador (m) *après-shampoing*
acuerdo: me acuerdo *je me rappelle ;* no me acuerdo *je ne me rappelle pas*
adaptador (m) *adaptateur*
adelantar *doubler* (voiture)
adiós *au revoir*
aduana (f) *douane*
aerodeslizador (m) *aéroglisseur*
aeropuerto (m) *aéroport*
afeitado (m) *rasage ;* afeitarse *se raser*

after-shave (m) *après-rasage*
afueras (f/pl) *banlieue*
agencia (f) *agence*
agencia de viajes (f) *agence de voyages*
agenda (f) *agenda*
agitar *secouer, remuer*
agosto *août*
agradable *agréable*
agradecer *remercier*
agua (m) *eau ;* el agua con gas *eau gazeuse ;* el agua mineral *eau minérale ;* el agua potable *eau potable ;* el agua sin gas *eau plate*
aguja (f) *aiguille*
ahora *maintenant ;* ¿y ahora qué? *Et maintenant ?*
aire (m) *air*
aire acondicionado (m) *air conditionné*
ajedrez (m) *échecs*
ajo (m) *ail*
ajustado *moulant, serré*
ala (m) *aile*
albañil (m) *maçon*
albaricoque (m) *abricot*
albergue juvenil (m) *auberge de jeunesse*
alcachofa (f) *artichaut*
alcohol (m) *alcool*
alegre *joyeux, heureux*
alemán *allemand*
Alemania *Allemagne*
alérgico *allergique*
alfiler (m) *épingle*
alfombra (f) *tapis*
algo *quelque chose*
algodón (m) *coton, coton hydrophile*
alguien *quelqu'un*
alguna: en alguna parte *quelque part*
allí *là, là-bas*
almohada (f) *oreiller*
almuerzo (m) *déjeuner*

alojamiento (m) *logement*
alquilar *louer*
alto *haut, grand, fort*
¡alto! *stop !*
amante (m/f) *amant/e*
amargo *amer*
amarillo *jaune*
ambulancia (f) *ambulance*
América *Amérique*
americano/americana *américain/e*
amigo/amiga (m/f) *ami/e ;* amigo/a por correspondencia (m/f) *correspondant/e*
amontillado *demi-sec*
amor (m) *amour*
ampliación (f) *agrandissement*
ampolla (f) *ampoule, cloque*
análisis de sangre (m) *analyses de sang*
andar *aller*
andén (m) *quai*
anfiteatro (m) *amphithéâtre*
anfitriona (f) *hôtesse*
anillo (m) *anneau* (bague)
animal (m) *animal ;* los animales de compañia/ los animales domésticos *animaux de compagnie*
año (m) *an, année*
antes de ... *avant…*
anticonceptivo (m) *contraceptif*
anticongelante (m) *antigel*
anticuario (m) *antiquaire*
antiséptico (m) *antiseptique*
aparcamiento (m) *parking*
aparcar *garer ;*

prohibido aparcar *parking interdit*
apartamento (m) *appartement*
apellido (m) *nom de famille*
aperitivo (m) *apéritif*
apetito (m) *appétit*
aprender *apprendre*
aprendiz (m) *apprenti*
apretón de manos (m) *poignée de main*
araña (f) *araignée*
árbol (m) *arbre*
arcón (m) *grand coffre*
arena (f) *sable*
Argelia *Algérie*
armario (m) *armoire, placard*
arreglar *réparer*
arriba *au-dessus, en haut*; hacia arriba *vers le haut*
arroyo (m) *ruisseau*; *caniveau*
arroz (m) *riz*
arte (m) *art*
artículos de punto (m/pl) *tricots*
artista (m/f) *artiste*
asado *rôti*
ascensor (m) *ascenseur*
asiento (m) *siège*; el asiento infantil *siège auto* (pour enfant)
asistenta (f) *femme de ménage*
asmático *asthmatique*
aspiradora (f) *aspirateur*
aspirina (f) *aspirine*
atar *attacher*
atasco (m) *embouteillage*
aterrizar *atterrir*
atractivo *attirant*
audífono (m) *appareil auditif*
auriculares (m/pl) *écouteurs*
Australia *Australie*
australiano/australiana (m/f) *australien/ne*
autobús (m) *bus*
autobús del aeropuerto *bus de l'aéroport*
autocaravana (f) *camping-car*
automático *automatique*
autónomo/autónoma (m/f) *free-lance, indépendant*
autopista (f) *autoroute*
avería (f) (car) *panne*; he tenido una avería *je suis tombé en panne*
aves (f pl) *volailles*
avión (m) *avion*
avispa (f) *guêpe*
ayer *yesterday*
ayuda (f) *hier*

ayudar *aide*
ayuntamiento (m) *mairie*
azúcar (m) *sucre*
azul *bleu*

B

bacon (m) *bacon*
bailar *danser*
baile (m) *dance*
bajarse *descendre* (bus etc.); *sortir*
bajo *bas, petit*
balandro (m) *voilier*
balcón (m) *balcon*
Baleares: las (Islas) *Îles Baléares*
balón (m) *ballon de football*; el balón de playa *ballon de plage*
baloncesto (m) *basket* (sport)
bañador (m) *slip/maillot de bain*
banco (m) *banque*
banda (f) *groupe* (musiciens)
bandera (f) *drapeau*
baño (m) *bain, baignoire, salle de bains*; darse un baño *prendre un bain*; el traje de baño *maillot de bain*
bar (m) *bar*
baraja (f) *jeu de cartes*
barato *pas cher, bon marché*
barba (f) *barbe*
barbacoa (f) *barbecue*
barca (f) *barque*; la barca de remos *canot* (à rames)
barco (m) *bateau*
barra de labios (f) *rouge à lèvres*
bastante *assez, plutôt*
basura (f) *ordures*
batería (f) *batterie*
bebé (m) *bébé*
beber *boire*; ¿Quiere beber algo? *Vous voulez boire quelque chose?*
bebida (f) *boisson*
beige *beige*
beneficios (m/pl) *bénéfices*
berenjenas (f/pl) *aubergines*
betún (m) *cirage*
biblioteca (f) *bibliothèque*
bicicleta (f) *bicyclette, vélo*; bicicleta de montaña *VTT*
bien *bien*; te sienta bien *ça te va bien*
bienvenido *bienvenue*
bigote (m) *moustache*

billete (m) *billet* (train etc.); billete de ida y vuelta (m) *aller-retour*
billete de banco (m) *billet de banque*
bizcocho (m) *gâteau, biscuit*
blanco *blanc*
blando *mou*
bloc (m) *bloc-notes*
bloque de oficinas (m) *immeuble de bureaux*
blusa (f) *chemisier*
boca (f) *bouche*
bocadillo (m) *sandwich*; *casse-croûte*
boda (f) *mariage*
bodega (f) *cave* (à vin)
bolígrafo (m) *stylo-bille*
bollo (m) *pain au lait*
bolsa (f) *sac, paquet* (bonbons, chips); la bolsa de plástico *sac plastique*
bolsillo (m) *poche*
bolso (m) *sac à main*
bombilla (f) *ampoule électrique*
bonito *joli, gentil*
bordado (m) *broderie*
borde (m) *bord*
borracho *ivre*
bosque (m) *forêt*
bota (f) *botte*
botas de agua (f/pl) *bottes en caoutchouc*
botella (f) *bouteille*
botón (m) *bouton*
brazo (m) *bras*
bridge (m) *bridge* (jeu)
británico/británica (m/f) *britannique*
broma (f) *blague*
bronceado *bronzage*; *bronzé* (adj)
broncearse *bronzer*
buenas noches *bonne nuit*
buenas tardes *bonsoir*
bueno *bon, bon au goût*
buenos días *bonjour*
bufanda (f) *écharpe*
buzón (m) *boîte aux lettres*

C

cabeza (f) *tête*
cabina telefónica (f) *cabine téléphonique*
cable alargador (m) *rallonge* (électrique)
cacahuetes (m/pl) *cacahouètes*
cada *chaque, chacun*; viente euros cada uno *vingt euros chacun*
café (m) *café*, el café con leche *café crème*;

el café instantáneo *café instantané* ;
el café solo *expresso*
caja (f) *boîte, caisse* ;
la caja de bombones *boîte de chocolats* ;
la caja de cambios *boîte de vitesses*
cajero (m) *caissier* ;
el cajero automático *distributeur*
cajetilla (f) *paquet (cigarettes)*
calambre (m) *crampe*
calcetines (m/pl) *chaussettes*
calculadora (m) *calculatrice*
calefacción (f) *chauffage* ;
la calefacción central *chauffage central*
calentador (de agua) (m) *chauffe-eau*
calidad (f) *qualité*
caliente *chaud*
callado *réservé, silencieux*
calle (f) *rue* ;
la calle principal *rue principale*
caluroso *chaud (temps)*
calzoncillos (m/pl) *slip, caleçon*
cama (f) *lit*
cámara de fotos (f) *appareil photo*
cámara neumática (f) *chambre à air*
camarera (f) *serveuse*
camarero (m) *serveur*
¡camarero! *s'il vous plaît* !
cambiar *changer (argent)*
cambiarse *se changer (vêtements)*
cambio (m) *monnaie* ; *taux de change*
camino (m) *chemin*
camión (m) *camion*
camisa (f) *chemise*
camiseta (f) *maillot de corps*
camisón (m) *chemise de nuit*
campana (f) *cloche (église)*
camping (m) *camping*
camping-gas (m) *camping-gaz*
campo (m) *campagne, champ*
Canadá *Canada*
canadiense *canadien*
canal (m) *canal*
Canarias: las (Islas) Canarias *Canaries*
canción (f) *chanson*
candado (m) *cadenas*

cangrejo (m) *crabe*
cansado *fatigué*
cantar *chanter*
capazo (m) *cabas*
capó (m) *capot (voiture)*
cara (f) *visage*
caramelos (m) *bonbons*
caravana (f) *caravane*
carburador (m) *carburateur*
cardenal (m) *bleu, hématome*
cargador (m) *chargeur*
carne (f) *viande*
carne de cerdo (f) *porc*
carne de vaca (f) *bœuf*
carnet de conducir (m) *permis de conduire*
carnicería (f) *boucherie*
caro *cher*
carpintero (m) *menuisier, charpentier*
carretera (f) *route*
carrito (m) *chariot*
carta (f) *lettre (mail)* ;
la carta de vinos (f) *la carte des vins*
cartera (f) *portefeuille, serviette, cartable*
carterista (m) *pickpocket*
cartero (m) *facteur*
casa (f) *maison* ; en casa *à la maison*
casado *marié*
cascada (f) *cascade*
casi *presque*
cassette (f) *cassette*
castaño *châtain, marron*
castañuelas (f/pl) *castagnettes*
castellano *castillan*
Castilla *Castille*
castillo (m) *château*
Cataluña *Catalogne*
catedral (f) *cathédrale*
catedrático (m) *professeur d'université*
católico *catholique*
catorce *quatorze*
cazo (m) *casserole*
cebo (m) *appât*
cebolla (f) *oignon*
ceja (f) *sourcil*
cementerio (m) *cimetière*
cena (f) *dîner, souper*
cenicero (m) *cendrier*
centro (m) *centre* ; *centre-ville* ; el centro deportivo *centre sportif* ; en el centro *au milieu*
cepillar el pelo *se brosser les cheveux*
cepillo (m) *brosse* ;
el cepillo del pelo *brosse à cheveux* ;
el cepillo de dientes *brosse à dents*
cerca *près, proche* ; (f) *clôture*

cereza (f) *cerise*
cerilla (f) *allumette*
cerrado *fermé*
cerrar *fermer*
cerrojo (m) *verrou*
certificado (m) *certificat*
cerveza (f) *bière*
césped (m) *pelouse*
cesto (m) *panier*
chal (m) *châle*
chalet (m) *pavillon, maison de campagne*
champiñones (m/pl) *champignons*
champú (m) *shampoing*
chandal (m) *survêtement*
chaparrón (m) *averse*
chaqueta (f) *veste*
charcutería (f) *charcuterie*
charla (f) *discussion*
cheque (m) *chèque* ;
el cheque de viaje *chèque de voyage*
chica (f) *fille*
chicle (m) *chewing-gum*
chico (m) *garçon*
chimenea (f) *cheminée*
chincheta (f) *punaise (clou)*
chiste (m) *histoire drôle, blague*
chocolate (m) *chocolat*
chuleta (f) *côtelette, côte*
chupa-chups (m) *sucette (bonbon)*
ciclismo (m) *cyclisme*
ciclomotor (m) *cyclomoteur*
ciego *aveugle*
cielo (m) *ciel*
cien *cent*
ciencias (f/pl) *sciences*
cierto *certain, certainement*
cigalas (f/pl) *langoustines*
cigarrillo (m) *cigarette*
cinco *cinq*
cincuenta *cinquante*
cine (m) *cinéma*
cinta (f) *cassette* ;
el cinta de vídeo *cassette vidéo*
cinturón (m) *ceinture* ;
el cinturón de seguridad *ceinture de sécurité*
cita (f) *rendez-vous*
ciudad (f) *ville* ;
el centro ciudad *centre-ville*
claro *clair (eau)* ; *léger* ; *(pas sombre)*
clase (f) *classe* ; *cours*
clavo (m) *clou*
claxon (m) *klaxon*
cliente (m) *client*
cobrar *encaisser, toucher*
cocer *cuire, bouillir*

cocer al horno
cuire au four
coche (m) *voiture*
coche-cama (m)
train-couchettes
cochecito (m) *poussette*
cocina (f)
cuisine ; cuisinière
cocinero/cocinera (m/f)
cuisinier/ère
coctel (m) *cocktail*
código : code ;
circulación *code de la
route ;* el código postal
code postal
codo (m) *coude*
coger *attraper ;* coger el
tren *prendre le train*
cojín (m) *coussin*
col (f) *chou*
cola (f) *queue*
colada (f) *lessive*
colcha (f) *couvre-lit*
colchón (m) *matelas*
colchoneta (f) *matelas
pneumatique*
colección (f) *collection*
(timbres, etc.)
coliflor (f) *chou-fleur*
collar (m)
collier ; couleur
combinacíon (f)
combinaison
(sous-vêtement)
comedor (m)
salle à manger
comer *manger*
comida (f) *nourriture,
repas, déjeuner*
comisaría (f)
commissariat
como *comme ;* como
éste *comme celui-ci*
¿cómo? *comment ? ;*
¿cómo se llama usted?
*comment vous
appelez-vous ?* ¿cómo
dice? *pardon ? qu'est-
ce que vous avez dit ?*
cómoda (f) *commode*
compañía aérea (f)
compagnie aérienne
compartimiento (m)
compartiment
completamente
complètement
complicado *compliqué*
compra (f)
courses, achats
comprar *acheter*
comprendo *je comprends*
compresas (f/pl)
serviettes hygiéniques
con *avec*
coñac (m) *cognac*
concha (f) *coquille*
concierto (m) *concert*
concurrido
fréquenté, bondé
condón (m) *préservatif*
conducir *conduire*

conductor (m)
chauffeur (de bus)
conejo (m) *lapin*
conferencia (f)
conférence ; la sala de
conferencias *salle de
conférence*
congelador (m)
congélateur
congelados (m/pl)
surgelés
conocer *connaître*
conserje (m) *portier*
consulado (m) *consulat*
contable (m/f)
comptable
contenedor de basura
(m) *poubelle*
contento *content*
contestador automático
(m) *répondeur*
contra *contre*
contraseña (f)
mot de passe
contrato (m) *contrat*
copa (f)
verre (pour boire)
corazón (m) *cœur*
corazones (m/pl)
cœur (cartes)
corbata (f) *cravate*
corcho (m) *bouchon*
cordero (m) *agneau*
cordones (m/pl) *lacets*
(de los zapatos)
correa (f) *laisse*
correcto *correct*
correo (m)
mail, courrier ;
el correo certificado
recommandé ;
el correo electrónico
courrier électronique
Correos (f) *la Poste*
correr *courir*
corrida de toros (f)
corrida
corriente *courant,
ordinaire*
cortadura (f) *coupe*
cortar *couper, découper*
cortauñas (m)
coupe-ongles
corte de pelo (m)
coupe de cheveux
cortina (f) *rideau*
coser *coudre*
cosméticos (m pl)
cosmétiques
costar *coûter ;*
¿cuánto cuesta?
combien ça coûte ?
crema (f)
crème (lotion)
crema de zapatos (f)
cirage
cremallera (f)
fermeture éclair
creo que ...
je crois que…
crepes (f/pl) *crêpes*

crisis nerviosa (f)
dépression nerveuse
cristal (m)
verre (substance)
crucero (m) *croisière*
cuaderno (m) *cahier*
cuadrado *carré* (adj)
¿cuál? *lequel ?*
cualquiera de ellos
l'un ou l'autre
¿cuándo? *quand ?*
¿cuánto cuesta?
c'est combien ?
¿cuántos años tiene?
quel âge avez-vous ?
cuarenta *quarante*
cuarto (m)
quart ; pièce, chambre
cuarto de baño (m)
salle de bains
cuarto de estar (m)
(salle de) séjour
cuatro *quatre*
cubo (m) *seau ;*
el cubo de la basura
poubelle
cucaracha (f)
cafard
cuchara (f) *cuillère*
cuchillas de afeitar
(f/pl) *lames de rasoir*
cuchillo (m) *couteau*
cuello (m) *cou, col*
cuenco (m)
terrine (plat)
cuenta (f) *addition*
cuerda (f) *corde*
cuerno (m) *corne*
cuero (m) *cuir*
cuerpo (m) *corps*
cueva (f) *grotte*
¡cuidado! *attention !*
cumpleaños (m)
anniversaire
cuna (f) *lit, berceau*
cura (m) *curé*
curry (m) *curry*

D

dar *donner ;* dar la
bienvenida *souhaiter
la bienvenue*
de *de ;* de algún modo
*d'une manière ou
d'une autre*
de ida *aller simple*
debajo de...
en dessous de…
decir *dire ;*
¿qué ha dicho?
qu'avez-vous dit ?
¿cómo se dice ...?
comment dit-on…?
declaración (f)
déclaration, déposition
dedo (m) *doigt*
delante de... *devant…*
delgado *mince, maigre*
demasiado *trop*
démelo *donnez-le moi*

dentadura postiza (f) *dentier*

dentista (m/f) *dentiste*

denuncia (f) *plainte* (à la police)

departamento (m) *département, rayon, service*

deporte (m) *sport*

derecho (m) *droit* ; no hay derecho *ce n'est pas juste* ; (adj) *droit* (pas gauche)

desayuno (m) *petit-déjeuner*

descansar *se reposer*

descuento (m) *remise, réduction*

desmayarse *s'évanouir*

desodorante (m) *déodorant*

despacho (m) *bureau* (pièce)

despegue (m) *décollage*

despertador (m) *réveil*

después *ensuite, après* ; después de ... *après...*

destornillador (m) *tournevis*

desván (m) *grenier*

detergente (m) *lessive*

detrás de ... *derrière...*

devolver *rendre, restituer* ; *vomir*

día (m) *jour* ; el día festivo *jour férié*

diabético *diabétique*

diamantes (m/pl) *carreau* (cartes)

diarrea (f) *diarrhée*

diccionario (m) *dictionnaire*

diciembre *Décembre*

diecinueve *dix-neuf*

dieciocho *dix-huit*

dieciséis *seize*

diecisiete *dix-sept*

diente (m) *dent*

diez *dix*

diferente *différent*

difícil *difficile*

dígame *allô ?*

dinero (m) *argent, liquide* ; no tengo dinero *je n'ai pas d'argent*

dirección (f) *adresse*

director/directora (m/f) *directeur* (hôtel) ; *chef d'orchestre*

disco (m) *disque* (musique)

disco compacto (m) *CD*

discoteca (f) *discothèque*

diseñador/diseñadora (m/f) *dessinateur/ trice, graphiste*

disponible *disponible*

distancia *distance* ; ¿qué distancia hay

hasta ...? ...? *il y a combien de kilomètres jusqu'à...?*

distinto *distinct, différent* ; ¡eso es distinto! *ce n'est pas pareil!* ; quería otro distinto *j'en voudrais un différent*

diversiones (f/pl) *distractions*

divertido ; *amusant, drôle*

divorciado *divorcé*

doce *douze*

documento (m) *document*

dólar (m) *dollar*

dolor (m) *douleur, mal* ; el dolor de cabeza *mal de tête* ; el dolor de estómago *mal de ventre* ; el dolor de muelas *mal de dents*

domingo *dimanche*

¿dónde? *où ?* ¿dónde está ...? *où est...?*

dónut (m) *beignet*

dormir *dormir*

dormitorio (m) *chambre*

dos *deux* ; los dos *les deux*

ducha (f) *douche*

dulce *doux, sucré*

dunas (f/pl) *dunes*

durante *pendant*

duro *dur*

duty-free (m) *duty-free, hors taxes*

E

echar al correo *envoyer, expédier*

echar el cerrojo *verrouiller*

edificio (m) *édifice, bâtiment*

edredón (m) *édredon, couette*

eje (m) *axe, essieu*

ejecutivo (m) *cadre*

ejemplo (m) *exemple* ; por ejemplo *par exemple*

él *il, lui, le* ; es para él *c'est pour lui*

elástico *élastique*

electricidad (f) *électricité*

electricista (m/f) *électricien/ne*

eléctrico *électrique*

ella *elle, la* ; es para ella *c'est pour elle*

ellos/ellas *ils, elles, eux* ; es para ellos/ellas *c'est pour eux*

email (m) *mail* ; la dirección de email *adresse électronique*

embajada (f) *ambassade*

embarazada *enceinte*

embarazoso *embarrassant*

emergencia (f) *urgences*

empaste (m) *plombage* (dent)

empezar *commencer*

empleado (m) *employé*

empujar *pousser*

en *on, dans, en, à* ; en inglés *en anglais* ; en el hotel *à l'hôtel* ; en Barcelona *à Barcelone* ; en Correos *à la poste* ; en su casa *chez vous*

encaje (m) *dentelle*

encantado/a *enchanté/e*

encargado (m) *responsable, gérant, gardien*

encendedor (m) *briquet*

encendido (m) *allumage*

enchufe (m) *prise* (de courant)

encima de ... *sur, au-dessus de...*

encuentro (m) *rencontre* ; no me encuentro bien *je ne me sens pas bien*

enero *Janvier*

enfermero/a (m/f) *infirmier/ère*

enfrente de... *en face de...* ; enfrente del hotel *en face de l'hôtel*

¡enhorabuena! *félicitations!*

ensalada (f) *salade*

entender *comprendre* ; no entiendo *je ne comprends pas*

entonces *alors*

entrada (f) *entrée, billet*

entrantes (m/pl) *hors-d'œuvre*

entre *entre*

entrega (f) *livraison*

enviar por fax *faxer*

epiléptico *épileptique*

equipaje (m) *bagages* ; el equipaje de mano *bagage à main*

equipo de música (m) *chaîne hi-fi*

equivocación (f) *erreur*

equivocado *erroné*

era *vous étiez (sing)* ; *il/elle était*

éramos *nous étions*

eran *ils étaient*

eras *tu étais*

eres *tu es*

es *vous êtes (sing)* ; *il /elle est*

escalera (f) *escalier* ; la escalera mecánica *escalator* ; las escaleras *escaliers*

escarcha (f) *givre*

escocés/escocesa (m/f) *écossais/e*

Escocia *Ecosse*

escopeta (f) *fusil*

escuela (f) *école*

ese/esa *ce, cette, ce…-là, celle…-là;* ese autobús *ce bus-là;* ese hombre *cet homme-là;* esa mujer *cette femme-là;* ¿qué es eso? *qu'est-ce que c'est?*

ése/ésa *celui-là, celle-là;* ése autobús *ce bus-là;* ése hombre *cet homme-là;* ésa mujer *cette femme-là;* ¿qué es éso? *qu'est-ce que c'est?*

esmalte de uñas (m) *vernis à ongle*

esos/esas *ces, ces…-là;* esos hombres *ces hommes-là;* esas mujeres *ces femmes-là*

espalda (f) *dos*

España *Espagne*

español/a (m/f) *espagnol/e*

especialidad (f) *spécialité*

espejo (m) *miroir*

esperar *attendre;* ¡espere! *Attendez!*

espinacas (f/pl) *épinards*

espuma de afeitar (f) *mousse à raser*

espuma moldeadora (f) *mousse coiffante*

esquina (f) *coin* (de rue)

esquís (m/pl) *skis*

está *vous êtes* (sing); *il/elle est*

esta noche *ce soir*

estaba *vous étiez* (sing); *il/elle était*

estábamos *nous étions*

estaban *ils étaient*

estabas *tu étais*

estaca (f) *pieu, piquet*

estación (f) *station;* la estación de autobuses *station de bus;* la estación de esquí *station de ski;* la estación de metro *station de métro*

Estados Unidos *États-Unis*

estamos *nous sommes*

están *ils sont*

estanco (m) *buraliste*

estaquilla (f) *piquet*

estás *tu es*

estatua (f) *statue*

este *est;* el Este *l'Est*

éste/ésta *ce, cette, ce…-ci, celle…-ci one;* este hombre *cet homme-ci;*

esta mujer *cette femme-ci*

¿qué es esto? *qu'est-ce que c'est?;* éste es el señor … *voici M…*

estómago (m) *estomac*

estos/estas *ceux-ci, celles-ci;* estos hombres *ces hommes-ci;* estas mujeres *ces femmes-ci;* éstos son míos *ceux-ci sont à moi*

estoy *je suis*

estrecho *étroit* (adj)

estrella (f) *étoile*

estudiante (m/f) *étudiant*

estufa (f) *poêle* (pour se chauffer)

estúpido *stupide*

etiqueta (f) *étiquette*

evidente *évident*

excelente *excellent*

exceso de equipaje (m) *excès de bagages*

excursión (f) *excursion*

exposición (f) *exposition*

externa *externe*

extintor (m) *extincteur*

extranjero/extranjera (m/f) *étranger/ère*

F

fácil *facile*

factor de protección (m) *indice de protection*

factura (f) *facture*

facturación (f) *enregistrement*

facturar *enregistrer*

falda (f) *jupe*

falta (f) *faute*

no hace falta *il n'y a pas besoin*

familia (f) *famille*

fan (m) *fan* (enthousiaste)

fantástico *fantastique*

farmacia (f) *pharmacie*

faros (m/pl) *phares*

fax (m) *fax*

febrero *Février*

¡felicidades! *joyeux anniversaire!*

feliz *heureux*

feo *laid*

feria (f) *foire; fête foraine*

ferretería (f) *quincaillerie*

ferrocarril (m) *chemin de fer*

ferry (m) *ferry-boat*

fiebre (f) *fièvre, température;* la fiebre del heno *rhume des foins*

fiesta (f) *fête*

filete (m) *bifteck*

filtro (m) *filtre*

fin (m) *fin;* ¡por fin! *enfin!*

final (m) *fin*

fino *très sec* (xérès)

flash (m) *flash* (appareil photo)

flauta (f) *flûte*

flequillo (m) *frange* (cheveux)

flexo (m) *lampe d'architecte*

flor (f) *fleur*

folleto (m) *brochure, dépliant*

fonda (f) *auberge*

fondo (m) *fond*

fontanero/fontanera (m/f) *plombier*

foto(grafía) (f) *photo*

fotocopiadora (f) *photocopieuse*

fotografiar *photographier*

fotógrafo (m) *photographe*

fotómetro (m) *posemètre*

frambuesa (f) *framboise*

francés *français/e*

Francia *France*

fregadero (m) *évier*

freír *frire*

frenar *freiner*

freno (m) *frein;* el freno de emergencia *frein d'urgence;* el freno de mano *frein à main*

fresas (f/pl) *fraises*

fresco *frais*

frigorífico (m) *réfrigérateur*

frío *froid* (adj); *j'ai froid* tengo frío

frito *frit*

frontera (f) *frontière*

fruta (f) *fruit*

fuego (m) *feu;* los fuegos artificiales *feux d'artifice*

fuente (f) *fontaine*

fuera *dehors*

fuerte *fort*

fumar *fumer*

funcionar *fonctionner*

fútbol (m) *football*

G

gabardina (f) *imperméable, ciré*

gafas (f/pl) *lunettes;* las gafas de sol *lunettes de soleil*

galería de arte (f) *galerie*

Gales *pays de Galles*

galés/galesa *gallois/e*

galleta (f) *biscuit*

gambas (f/pl) *crevettes*

ganga (f) *affaire en or*

garage (m) *garage*
garantía (f) *garantie*
garantizar *garantir*
garganta (f) *gorge*
gas para el encendedor
(m) *essence à briquet*
gasolina (f) *essence*
gasolinera (f)
station-service
gato (m) *chat*
gay *gay, homosexuel*
gel (m)
gel (pour cheveux) ;
el gel de ducha
gel-douche
gemelos (m/pl)
boutons de manchette
general: en general
en général
gente (f) *gens*
gerente (m/f) *gérant/e*
Gibraltar *Gibraltar*
ginebra (f) *gin*
gobierno (m)
gouvernement
Golfo de Vizcaya (m)
golfe de Gascogne
goma (f)
élastique ; caoutchouc
goma de borrar (f)
gomme
gordo *gros*
gorra (f) *casquette*
gorro (m) *bonnet*
gotas (f/pl) *gouttes*
gracias *merci*
Gran Bretaña
Grande-Bretagne
grande *grand*
grandes almacenes
(m/pl) *grand
magasin*
granja (f) *ferme*
granjero (m) *fermier*
grapadora (f) *agrafeuse*
grasa (f)
gras (viande, etc.)
gratis *gratuit*
grifo (m) *robinet*
gris *gris*
gritar *crier*
grosellas negras (f/pl)
cassis
grueso *épais*
grupo (m) *groupe*
guantes (m/pl) *gants*
guapo *beau*
guerra (f) *guerre*
guía (m/f) *guide* ;
la guía telefónica
annuaire ;
la guía turística
guide touristique
guisantes (m/pl)
petits pois
guisar *cuisiner*
guitarra (f) *guitare*
gustar *plaire* :
me gusta ... *j'aime...*;
me gusta nadar
j'aime nager

H

habitación (f) *pièce,
chambre* ;
la habitación doble
chambre double ;
la habitación individual
chambre simple ;
habitaciones libres
chambres (libres)
hablar *parler* ;
¿habla ...? *Vous
parlez…?* no hablo ...
je ne parle pas…
hacer *faire* ; hacer autostop *faire du stop* ;
hacer footing
faire un footing ;
hacer punto *tricoter* ;
hacer transbordo
changer (de trains,
etc.); hace sol
il y a du soleil
hacha (f) *hache*
hacia abajo *vers le bas*
hambre *faim* ; tengo
hambre *j'ai faim*
hamburguesa (f)
hamburger
hámster (m) *hamster*
harina (f) *farine*
hasta *jusqu'à*
hay... *il y a...* ¿hay ...?
y a-t-il ?
helado (m)
glace, crème glacée
hepatitis (f) *hépatite*
herida (f) *blessure*
hermana (f) *sœur*
hermano (m) *frère*
hervido *bouilli*
hervidor de agua (m)
bouilloire
hervir *bouillir, faire
bouillir*
hidroaleta (f)
hydroptère, hydrofoil
hielo (m) *glace*
hierba (f) *herbe*
hierro (m) *fer*
hígado (m) *foie*
higo (m) *figue*
hija (f) *fille* (enfant de)
hijastra (f) *belle-fille*
hijastro (m) *beau-fils*
hijo (m) *fils*
hincha (m) *supporter*
(de football)
historia (f) *histoire*
hobby (m) *hobby*
hoguera (f) *feu
de camp*
hoja (f) *feuille*
(de papier)
hojalata (f) *fer-blanc*
hola *bonjour, salut*
hombre (m) *homme*
hombro (m) *épaule*
homeopatía (f)
homéopathie
honrado *honnête*

hora (f)*heure* ; ¿qué
hora es? *Quelle heure
est-il ?*
horario (m) *horaire* ;
el horario de apertura
horaires d'ouverture
horca (f) *fourche*
horno (m) *four*
horrible *horrible*
hospital (m) *hôpital*
hoy *aujourd'hui*
hueso (m) *os*
huevo (m) *œuf*
húmedo *humide*
humo (m) *fumée*

I

idioma (m)
langue, langage
iglesia (f) *église*
imperdible (m)
épingle à nourrice
imposible *impossible*
impreso de solicitud (m)
formulaire de demande
impresora (f)
imprimante
incendio (m) *incendie*
incluido *inclus, compris*
indigestión *indigestion*
infección (f) *infection*
información (f)
information
informe (m) *rapport*
ingeniería (f) *ingénierie*
Inglaterra *Angleterre*
inglés/inglesa *anglais*
inhalador (m) *inhalateur*
(pour asthme, etc.)
inmediatamente
immédiatement
insecto (m) *insecte*
insolación (f) *insolation*
insomnio (m) *insomnie*
instrumento musical
(m) *instrument
de musique*
intentar *essayer*
interesante *intéressant*
intermitente (m)
clignotant
internet (m) *internet*
interpretar *interpréter*
intérprete (m/f)
interprète
interruptor (m)
interrupteur
intoxicación alimenticia
(f) *intoxication
alimentaire*
invitación (f) *invitation*
invitada (f) *invité*
inyección (f) *injection*
ir *aller* ; ir a esquiar
aller faire du ski ;
ir de compras
aller faire les courses
Irlanda *Irlande* ;
Irlanda del Norte
Irlande du Nord

irlandés/irlandesa
irlandais/e
isla (f) *île*
Italia *Italie*
italiano/italiana (m/f)
Italien/ne
izquierdo
gauche (pas droite)

J, k

jabón (m) *savon ;*
el jabón de lavadora
lessive
jamón (m) *jambon*
jarabe (m) *sirop*
jardín (m) *jardin*
jarrita (f) *mug*
jarrón (m) *vase*
jaula (f) *cage*
jazz (m) *jazz*
jefe (m) *chef*
jengibre (m)
gingembre
jerez (m) *xérès*
jeringuilla (f) *seringue*
jersey (m) *pull-over*
joven *jeune*
joyería (f) *bijouterie*
judías (f pl) *haricots*
jueves *jeudi*
jugar *jouer*
juguete (m) *jouet*
julio *Juillet*
junio *Juin*
junto a *près de ;*
junto a la puerta
près de la porte ;
junto a la ventana
près de la fenêtre
juntos *ensemble*

K, L

kilo (m) *kilo*
kilómetro (m) *kilomètre*
kiosko de periódicos
(m) *marchand
de journaux*
la (f) *la*
laca (f) *laque*
lado de (f) *à côté de*
ladrón (m)
voleur, cambrioleur
lago (m) *lac*
lámpara (f) *lampe*
lamparilla de noche (f)
lampe de chevet
lana (f) *laine*
langosta (f) *langouste*
lápiz (m) *crayon*
largo *long*
las (f/pl) *les*
lata (f)
boîte (de conserve)
lavabo (m) *lavabo*
lavadora (f)
machine à laver
lavandería automática
(f) *lavomatic*

lavavajillas (m)
lave-vaisselle
laxante (m) *laxatif*
leche (f) *lait ;*
la leche limpiadora
lait de toilette
lechuga (f) *laitue*
leer *lire*
lejía *eau de Javel*
lejos *loin*
lengua (f) *langue*
lente (f) *lentille ;*
las lentes de contacto
lentilles ; las lentes de
contacto semi-rígidas
*lentilles perméables
à l'oxygène*
lento *lent*
letra (f)
lettre (de l'alphabet)
levantarse *se lever*
libra (f) *livre sterling*
libre *libre, disponible*
libre de impuestos
hors-taxes
libro (m) *livre ;* el libro
de frases *guide de
conversation*
licor (m) *liqueur*
ligero *léger* (adj)
lima (f) *citron vert*
lima de uñas (f)
lime à ongles
límite de velocidad (m)
limite de vitesse
limón (m) *citron*
limonada (f) *limonade*
limpio *propre* (adj)
línea (f) *ligne*
(téléphonique, etc.)
linterna (f) *torche*
lista (f) *liste*
listo *malin ; prêt*
literatura (f) *littérature*
litro (m) *litre*
llamar por teléfono
téléphoner
llave (f) *clé ;* la llave de
las tuercas *clé
cruciforme ;* la llave
inglesa *clé anglaise*
llegar *arriver*
lleno *plein, bondé ;* estoy
lleno *je suis rassasié*
llorar *pleurer*
lluvia (f) *pluie*
lo/la *le/la*
lo antes posible *le plus
rapidement possible*
loción *lotion* (f); la
loción anti-mosquitos
lotion anti-moustiques ;
la loción bronceadora
crème solaire
loco *fou*
lona impermeable (f)
tapis de sol
longitud (f) *longueur*
los (m pl) *les*
luces de posición (f/pl)
feux de position

lugar (m) *lieu, endroit ;*
los lugares de interés
de ... *attractions
touristiques*
luna (f) *lune*
lunes *lundi*
luz (f) *lumière*

M

madastra (f) *belle-mère*
madera (f) *bois*
madre (f) *mère*
maduro *mûr*
malas hierbas (f pl)
mauvaises herbes
maleta (f) *valise*
maletero (m)
coffre (voiture)
Mallorca *Majorque*
malo *mauvais, méchant*
mamá *maman*
mañana *demain*
mañana (f) *matin ;* por
la mañana *le matin*
mandar *envoyer*
mandarina (f)
mandarine
manga (f) *manche*
mano (f) *main*
manta (f) *couverture*
mantequilla (f) *beurre*
manzana (f) *pomme*
mapa (m) *carte*
maquillaje (m)
maquillage
maquina cortacésped
(f) *tondeuse*
máquina de escribir (f)
machine à écrire
máquina de fotos (f)
appareil photo
mar (m) *mer*
marea (f) *marée*
mareado *pris
d'étourdissements*
mareo (m)
étourdissement
margarina (f)
margarine
marido (m) *mari*
mariscos (m/pl)
fruits de mer
mármol (m) *marbre*
marrón *marron*
Marruecos *Maroc*
martes *mardi*
martillo (m) *marteau*
marzo *Mars*
más *plus ;* más de ...
plus de ... ; más tarde
plus tard ; algo más
quelque chose d'autre ;
alguien más
quelqu'un d'autre
mástil (m) *piquet de
tente*
matrícula (f) *plaque
d'immatriculation*
mayo *mai*

mecánico (m) *mécanicien*

media pensión *demi-pension*

medianoche *minuit*

medias (f/pl) *bas, collants*

medicina (f) *médecine*

médico/médica (m/f) *médecin*

medio *demi, milieu ;* media hora *demi-heure*

mediodía (m) *midi*

Mediterráneo: el Mediterráneo *la Méditerranée*

medusa (f) *méduse*

mejillones (m/pl) *moules*

mejor *meilleur, mieux*

melocotón (m) *pêche*

melón (m) *melon*

menos *moins*

mensaje (m) *message*

mensajería de voz (f) *boîte vocale*

menú (del día) (m) *menu du jour*

menudo: a menudo *souvent*

mercado (m) *marché*

mermelada (f) *confiture ;* la mermelada de naranja *marmelade d'orange*

mes (m) *mois*

mesa (f) *table ;* la mesa de escritorio *bureau*

mesilla de noche (f) *table de chevet*

metro (m) *métro*

mi(s) *ma, mon, mes ;* mi libro *mon livre ;* mis llaves *mes clés*

microondas (m) *four à micro-ondes*

miel (f) *miel*

miércoles *mercredi*

mil *mille*

minusválido *handicapé*

minuto (m) *minute*

mío *à moi ;* es mío *c'est à moi*

mirar *regarder*

misa (f) *messe*

mismo *même ;* el mismo vestido *la même robe ;* la misma gente *les mêmes gens ;* lo mismo otra vez, por favor *la même chose, s'il vous plaît*

mochila (f) *sac à dos*

moda (f) *mode*

modem (m) *modem*

mojado *mouillé*

moneda (f) *pièce* (de monnaie)

monedero (m) *porte-monnaie*

monitor (m) *moniteur* (ordinateur)

montaña (f) *montagne*

monte (m) *mont*

monumento (m) *monument*

morado *violet*

moras (f/pl) *mûres*

mordedura (f) *morsure*

morder *mordre*

morir *mourir*

mosaico (m) *mosaïque*

mosca (f) *mouche*

mosquito (m) *moustique*

mostaza (f) *moutarde*

mostrador (m) *comptoir ;* el mostrador de facturación *comptoir d'enregistrement*

motocicleta (f) *motocyclette*

motor (m) *moteur*

motora (f) *bateau à moteur*

mover *bouger, déplacer ;* moverse *se bouger ;* ¡no se mueva! *ne bougez pas*

mucho *beaucoup de… ;* mucho mejor *beaucoup plus lentement ;* mucho más despacio *beaucoup plus lentement ;* no muchos *pas beaucoup*

mudarse (de casa) *déménager*

muebles (m/pl) *meubles*

muela (f) *molaire*

muelle (m) *quai ; ressort*

muerto *mort*

mujer (f) *femme, épouse*

muletas (f/pl) *béquilles*

muñeca (f) *poignet*

muro (m) *mur* (extérieur)

museo (m) *musée*

música (f) *musique ;* la música clásica *musique classique ;* la música folklórica *musique folk ;* la música pop *musique pop*

músico (m) *musicien*

muy *très*

N

nací en … *je suis né en…*

nada *rien ;* no queda nada *il ne reste rien ;* no sirve de nada *ça ne sert à rien*

nadar *nager*

nadie *personne*

naranja (f) *orange* (fruit); *orange* (adj)

nariz (f) *nez*

nata (f) *crème* (produit laitier)

natación (f) *natation*

náuseas *nausée ;* tengo náuseas *j'ai la nausée*

navaja (f) *couteau, canif*

navidad (f) *Noël*

necesario *nécessaire*

necesito … *j'ai besoin de…*

negar *nier, refuser*

negativo (m) *négatif* (photo)

negocio (m) *affaire, commerce*

negro *noir*

neozelandés/a *néo-zélandais/e*

neumático (m) *pneu*

ni … ni … *ni… ni…*

niebla (f) *brouillard*

nieta (f) *petite-fille*

nieto (m) *petit-fils*

nieve (f) *neige*

ninguno/ninguna: ninguno de ellos *aucun d'eux ;* en ninguna parte *nulle part*

niño/niña *enfant* (m/f); los niños *les enfants ;* el niño pequeño *bébé*

no *non, ne… pas ;* no hay de qué *de rien* no importa *ça n'a pas d'importance ;* no es/está … *il/elle n'est pas…*

noche (f) *nuit*

nombre (m) *nom* el nombre de pila *prénom*

norte (m) *nord*

nosotros/nosotras *nous ;* es para nosotros/ nosotras *c'est pour nous*

noticias (f/pl) *nouvelles, informations*

novela (f) *roman*

noventa *quatre-vingt dix*

novia (f) *petite amie*

noviembre *novembre*

novio (m) *petit ami*

nudista (m/f) *nudiste*

nuestro *notre ;* es nuestro *c'est à nous*

Nueva Zelanda *Nouvelle-Zélande*

nueve *neuf*

nuevo *nouveau*

nuez (f) *noix*

número (m) *nombre, numéro ;* los números *nombres*

nunca *jamais*

O

o *ou* ; o bien ... o ...
ou...ou...
obra de teatro (f) *pièce de théâtre*
obturador (m)
obturateur
Océano Atlántico (m)
océan Atlantique
ochenta *quatre-vingt*
ocho *huit*
octubre *octobre*
oculista (m/f) *oculiste*
ocupado *occupé, pris*
oeste (m) *ouest*
oficina (f) *bureau* ;
filiale ; la oficina de objetos perdidos *bureau des objets trouvés* ; la oficina de turismo *office du tourisme*
oído (m) *oreille, ouïe*
¡oiga, por favor!
s'il vous plaît ! (pour attirer l'attention)
oír *entendre*
ojo (m) *oeil*
ola (f) *vague*
oler *sentir* (avec le nez)
olivo (m) *olivier*
olor (m) *odeur*
oloroso *grand cru de xérès*
olvidar *oublier*
once *onze*
ondulado *ondulé* (cheveux)
operación (f) *opération*
operadora (f) *opératrice*
oporto (m) *porto*
orden del día (m)
ordre du jour
ordenador (m)
ordinateur
oreja (f) *oreille*
órgano (m) *orgue*
oro (m) *or*
orquesta (f) *orchestre*
oscuro *sombre, foncé* ;
azul oscuro *bleu foncé*
ostra (f) *huître*
otra vez *de nouveau*
otro *autre* ; el otro
l'autre ; en otro sitio
ailleurs

P

padastro (m) *beau-père*
padre (m) *père* ; los padres *parents*
pagar *payer* ; pagar al contado *payer cash*
página (f) *page*
pago (m) *paiement*
país (m) *pays*
pájaro (m) *oiseau*
pala (f) *pelle*
palabra (f) *mot, parole*

palacio (m) *palace*
palanca de velocidades (f) *levier de vitesse*
pálido *pâle*
pan (m) *pain*
panadería (f)
boulangerie
pañal (m) *couche* ; los pañales desechables *couches à jeter*
paño de cocina (m)
torchon
pantalla (f) *abat-jour* ;
écran
pantalón (m) *pantalon* ;
los pantalones cortos *short*
pantis (m/pl) *bas*
pañuelo (m) *foulard* ;
los pañuelos de papel *mouchoirs en papier*
papá *papa*
papel (m) *papier* ;
el papel de envolver/ regalo *papier cadeau* ;
el papel de escribir *papier à lettres* ; el papel higiénico *papier toilette* ; los papeles de filtro *papiers filtres*
paquete (m)
paquet, colis
par (m) *paire*
para *pour* ; es para mí
c'est pour moi ; para el viernes *pour vendredi* ;
¿para qué? *pourquoi ?*
para una semana *pour une semaine*
parabrisas (m)
pare-brise
parachoques (m)
pare-chocs
parada (f)
arrêt (de bus);
la parada de taxis *station de taxi*
parafina (f) *paraffine*
paraguas (m)
parapluie
parar *arrêter*
pared (f)
mur (intérieur)
pariente (m) *parent*
parque (m) *parc*
parrilla (f) *grill*
parte de atrás (f)
arrière (pas devant)
parterre (m) *parterre*
partido (m) *match* ;
parti (politique)
pasajero (m) *passager*
pasaporte (m)
passeport
pasas (f/pl) *raisins secs*
paseo (m) *promenade* ;
dar un paseo *faire une promenade*
pasillo (m) *couloir*
paso elevado (m)
échangeu

pasta (f) *pâte*
pasta dentífrica (f)
dentifrice
pastel (m)
gâteau (petit)
pastelería (f) *pâtisserie*
pastilla (f) *comprimé, pilule* ; las pastillas de menta *bonbons à la menthe* ;
las pastillas para la garganta *pastilles contre la toux*
patata (f) *pomme de terre* ; las patatas fritas *frites, chips*
patinar *patiner*
patines (m/pl)
patins à glace
peatón (m) *piéton*
pecho (m) *poitrine*
pedazo (m) *morceau*
pegamento (m) *colle*
peinar *peigner*
peine (m) *peigne*
película (f) *film* (cinéma) ; la película en color *film en couleur*
peligroso *dangereux*
pelo (m) *cheveux*
pelota (f) *ballon, balle*
peluquería (f) *salon de coiffure* ; la peluquería de caballeros *coiffeur pour hommes*
pendientes (m/pl)
boucles d'oreille
pensar *penser* ;
lo pensaré *j'y penserai*
pensión completa
pension complète
peor *pire,*
le plus mauvais
pepino (m) *concombre*
pequeño *petit*
pera (f) *poire*
percha (f) *cintre*
¡perdón! *excusez-moi !*
(pour éternuement, etc.)
perejil (m) *persil*
perezoso *paresseux*
perfecto *parfait*
perfume (m) *parfum*
periódico (m) *journal*
perla (f) *perle*
permanente (f)
permanente
permiso (m) *permis*
pero *mais*
perro (m) *chien*
persianas (f/pl)
persiennes
pesado *lourd*
pesca (f) *pêche* (halieutique)
pescadería (f)
poissonnerie
pescado (m)
poisson (nourriture)

pescar *pêcherie ;*
a pescar
aller à la pêche
pez (m) *poisson*
(animal)
piano (m) *piano*
picadura (f) *piqûre*
(d'insecte)
picaporte (m) *loquet*
picar *piquer* (insect)
picas (f/pl)
pique (cartes)
picnic (m) *pique-nique*
pie (m) *pied*
pierna (f) *jambe*
pijama (m) *pyjama*
pila (f) *pile* (torche, etc.)
piloto (m) *pilote*
pimiento (m)
poivron, piment
pin (m) *PIN, code secret*
piña (f) *ananas*
pinchazo (m) *crevaison*
pino (m) *pin*
pintor (m) *peinture*
pintura (f) *pince*
pinza (f) *pince ;*
las pinzas
pince à épiler
pipa (f) *pipe*
Pirineos: los Pirineos
Pyrénées
piscina (f) *piscine ;*
la piscina municipal
piscine municipale
piso (m)
appartement ; étage
pista (f) *piste*
pistola (f) *pistolet*
piston (m) *piston*
pizza (f) *pizza*
plancha (f)
fer à repasser ;
a la plancha *grillé*
planchar *repasser*
plano (m) *plan ;* (adj)
plat
planta (f) *plante*
planta baja (f)
rez-de-chaussée
plástico (m) *plastique ;*
el plástico para
envolver *film fraîcheur*
plata (f) *argent*
(couleur)
plátano (m) *banane*
plateado *argenté*
platillo (m) *soucoupe*
plato (m) *assiette, plat ;*
el plato principal *plat
principal ;* los platos
preparados *plats
cuisinés*
playa (f) *plage*
plaza (f) *place,
emplacement ;* la plaza
de toros *arènes*
pluma (f) *plume ;*
la pluma estilográfica
stylo-plume
pobre *pauvre*

poco *un peu ;* poco
común *inhabituel ;*
poco hecho/pasado
saignant (steak)
poder *pouvoir*
policía (f) *police*
policía (m) *policier*
política (f) *politique*
pollo (m) *poulet*
polvo (m) *poudre*
pomada (f) *pommade*
poner *mettre ;*
¿me pone ...?
Puis-je avoir… ?
poquito *un peu ;* sólo un
poquito *juste un peu*
por *pour, par ;* por avión
par avion ; por la
noche *la nuit ;* por
noche *de nuit ;* por
todas partes *partout*
porcelana (f) *porcelaine*
por favor
s'il te/vous plaît
¿por qué? *pourquoi ?*
porque *parce que*
portero (m) *gardien*
Portugal *Portugal*
portugués *portugais*
posible *possible*
postal (f) *carte
postale*
póster (m) *poster*
postigo (m)
volet (fenêtre)
postre (m) *dessert*
precio (m) *prix ;*
el precio de entrada
(m) *prix d'entrée*
precioso
ravissant (objet)
preferir *préférer*
pregunta (f) *question*
prendedor (m) *broche*
presupuesto (m)
budget, devis
primavera (f) *printemps*
primer piso (m)
premier étage
primero *premier ;* de
primera *première
classe ;* primeros
auxilios *premiers
secours*
primo (m) *cousin*
principiante (m/f)
débutant/e
principio (m) *début*
prisa: tengo prisa
je suis pressé
privado *privé*
problema (m)
problème
producto (m) *produit ;*
los productos de
belleza *produits de
beauté ;* los productos
del hogar *produits
d'entretien ;* los
productos lácteos
produits laitiers

profesión (f) *profession*
profesor/a (m/f)
professeur
profesor/profesora de
universidad (m/f)
professeur d'université
profundo *profond*
programa (m)
programme
prohibido *interdit*
prometido/a (m/f)
fiancé (adj)
propina (f) *pourboire*
próximo *prochain*
prudente *prudent*
prueba (f) *examen,
analyse*
público *public*
pueblo (m) *village,
petite ville*
¿puede ...?
pouvez-vous…?
puedo *je peux ;* no
puedo *je ne peux pas*
puente (m) *pont*
puerta (f) *porte ;*
la puerta de embarque
porte d'embarquement
puerto (m) *port*
pulga (f) *puce* (animal)
pulpo (m) *pieuvre*
pulsera (f) *bracelet*
punta (f) *pointe*
puro (m) *cigare*

Q

que *que*
¿qué? *quoi ?*
quemadura (f) *brûlure*
quemadura de sol (f)
coup de soleil
quemar *brûler*
querer *vouloir ; aimer*
querido *cher*
(personne)
queso (m) *fromage*
¿qué tal? *comment vas-
tu/allez-vous ?*
¿quién? *qui ?*
quince *quinze*
quirófano (m) *bloc
opératoire*
quizás *peut-être*

R

rábano (m) *radis*
radiador (m) *radiateur*
radio (f) *radio*
rápido *rapide ; vite*
raro *rare*
rastrillo (m) *râteau*
rata (f) *rat*
ratón (m) *souris*
raya (f) *raie* (cheveux)
rebajas (f/pl) *soldes*
rebeca (f) *cardigan*
recado (m) *message*

recepción (f) *réception*

recepcionista (m/f) *réceptionniste*

receta (f) *ordonnance, recette*

recobrar algo *récupérer quelque chose*

recogida (f) *levée* (du courrier)

récord (m) *record* (sport, etc.)

recuerdo (m) *souvenir*

redondo *rond*

regalo (m) *cadeau ;* el regalo de cumpleaños *cadeau d'anniversaire*

regla (f) *règle* (pour mesurer)

reír *rire*

rejilla de equipajes (f) *porte-bagages ; galerie*

relajarse *se détendre*

religión (f) *religion*

relleno (m) *garniture, farce*

reloj (m) *horloge, montre*

remar *ramer*

remolque (m) *remorque*

remos (m/pl) *rames*

resaca (f) *gueule de bois*

reserva (f) *réservation*

reservar *réserver*

resfriado (m) *rhume ;* tengo un resfriado *j'ai un rhume*

respirar *respirer*

restaurante (m) *restaurant*

resto (m) *reste*

retrasado *en retard ;* el autobús se ha retrasado *le bus a du retard*

reunión (f) *réunion*

revelar *développer* (film)

revista (f) *magazine*

rico *riche*

rímel (m) *mascara*

rincón (m) *coin*

riñón (m) *rognon*

río (m) *fleuve, rivière*

rizos (m/pl) *boucles* (cheveux)

robar *voler, dérober ;* lo han robado *ça a été volé*

robo (m) *vol*

roca (f) *roche*

rock (m) *rock* (musique)

rodilla (f) *genou*

rojo *rouge*

ron (m) *rhum*

ropa (f) *vêtements ;* la ropa de cama (f) *linge de lit ;* la ropa interior *sous-vêtements ;* la ropa sucia *linge* (sale)

rosa *rose* (adj)

rosa (f) *rose*

roto *cassé, déchiré*

rotonda (f) *rond-point*

rotulador (m) *feutre, marqueur*

roulotte (f) *caravane*

rubí (m) *rubis*

rubio *blond*

rueda (f) *roue ;* la rueda pinchada *pneu à plat*

rugby (m) *rugby*

ruidoso *bruyant*

ruinas (f/pl) *ruines*

rulos (m/pl) *bigoudis*

S

sábado *samedi*

sábana (f) *drap*

saber *savoir* (fact); no sé *je ne sais pas*

sabor (m) *goût, saveur*

sacacorchos (m) *tire-bouchon*

sacapuntas (m) *taille-crayon*

saco de dormir (m) *sac de couchage*

sal (f) *sel*

sala de espera (f) *salle d'attente*

sala de pediatría (f) *service de pédiatrie*

salchicha (f) *saucisse*

salida (f) *sortie, départ ;* las salidas *départs ;* la salida de emergencia *sortie de secours*

salir *sortir*

salmón (m) *saumon*

salón (m) *salon*

salsa (f) *sauce*

¡salud! *santé !*

sandalias (f/pl) *sandales*

sangre (f) *sang*

sartén (f) *poêle*

sauna (f) *sauna*

secador (de pelo) (m) *sèche-cheveux*

seco *sec*

sed *soif ;* tengo sed *j'ai soif*

seda (f) *soie*

segundo (m) *second* (nom, adj); de segunda *deuxième classe*

seguro (m) *assurance ;* (adj) *sûr*

seis *six*

sello (m) *timbre*

selva *jungle, forêt*

semáforo (m) *feux tricolores*

semana (f) *semaine ;* la semana pasada *la semaine dernière ;* la semana que viene *la semaine prochaine*

seminario (m) *séminaire*

semi-seco *demi-sec* (vin)

señal (f) *caution*

sencillo *simple*

senderismo (m) *randonnée*

señor *monsieur, M*

señora *madame, Mme*

señorita *mademoiselle, Mlle*

separado *séparé*

septiembre *septembre*

ser *être*

serio *sérieux*

seropositivo *séropositif*

servicio (m) *service ;* el servicio de habitaciones *room-service ;* el servicio de radiología *service de radiologie ;* el servicio de urgencias *service des urgences*

servicios (m/pl) *toilettes* (dans établissements publics) ; los servicios de caballeros *toilettes pour hommes ;* los servicios de señoras *toilettes pour femmes*

servilleta (f) *serviette* (de table)

sesenta *soixante*

setas (f/pl) *champignons*

setenta *soixante-dix*

seto (m) *haie*

si *si*

sí *oui*

Sida (m) *sida*

siempre *toujours*

siete *sept*

significar: *signifier* ¿qué significa esto? *qu'est-ce que ça veut dire ?*

siguiente *suivant*

silla (f) *chaise ;* la silla de ruedas *fauteuil roulant*

sillita de ruedas (f) *poussette*

simpático *sympathique*

sin *sans ;* sin plomo *sans plomb*

sinagoga (f) *synagogue*

sitio (m) *endroit ;* el sitio web *site web*

sobre (m) *enveloppe*

sobre todo *surtout*

sobrina (f) *nièce*

sobrino (m) *neveu*

soda (f) *eau de Seltz*

sofa (m) *canapé*

sofocante *étouffant*

sol (m) *soleil*

solo *seul* ; yo solo
tout seul
sólo *seulement*
soltero/a (m/f)
célibataire
solución limpiadora (f)
solution pour lentilles
sombrero (m) *chapeau*
sombrilla (f) *parasol*
somnífero (m)
somnifère
somos *nous sommes*
son *ils sont*
sonreír *sourire*
sonrisa (f) *sourire*
sopa (f) *soupe*
sordo *sourd*
sostén (f)
soutien-gorge
sótano (m) *sous-sol*
soy *je suis* ; soy de ...
je suis de...
spray (m) *aérosol,*
inhalateur
(pour asthme);
el spray antipulgas
anti-puces
su(s) *son, sa, ses, votre,*
vos (vouvoiement);
¿es suyo esto? *c'est à*
vous ?
subirse *monter*
(bus, train, etc.)
sucio *sale*
sudadera (f)
sweat-shirt
Sudamérica *Amerique*
du Sud
sudar *suer*
sudor (m) *sueur*
suelo (m) *sol* ; el suelo
aislante *tapis de sol !*
sueño (m) *sommeil*
suerte (f) *chance* ;
¡suerte! *bonne chance !*
supermercado (m)
supermarché
suplemento (m)
supplément
supositorio (m)
suppositoire
sur (m) *sud*

T

tabaco (m) *tabac*
tabla de windsurfing (f)
planche à voile
tableta de chocolate
tablette de chocolat
tacón (m) *talon*
(chaussure)
talco (m) *talc*
taller (m) *garage*
(pour réparations)
talón (m) *talon* (pied)
talonario (m)
carnet de chèques
también *aussi*

tampones (m/pl)
tampons
tan *si* ; tan bueno
tellement bien
tanto: no tanto *pas*
tellement ; tanto ...
como ... *autant*
de...que...
tapiz (m) *tapisserie*
tapón (m) *bouchon*
taquilla (f) *guichet*
tarde (f) *soir* ; (adj)
tard se está haciendo
tarde *il se fait tard*
tarifa (f) *tarif*
tarjeta (f) *carte* ;
la tarjeta de banco
carte bancaire ;
la tarjeta de crédito
carte de crédit ;
la tarjeta de embarque
carte d'embarquement ;
la tarjeta de vista *carte*
de visite ; la tarjeta
telefónica *carte de*
téléphone
tarta (f) *gâteau, tarte*
taxi (m) *taxi*
taza (f) *tasse*
té (m) *thé*
techo (m) *plafond*
teclado (m) *clavier*
técnico (m) *technicien*
tejado (m) *toit*
tejanos (m pl) *jeans*
tela (f) *tissu*
teleférico (m)
téléphérique
teléfono (m) *téléphone* ;
el (teléfono) móvil
téléphone portable
televisión (f) *télévision* ;
la television por cable
télévision câblée
temperatura (f)
température
temprano *tôt*
tenedor (m) *fourchette*
tener *avoir* ; tengo *j'ai* ;
no tengo *je n'ai pas* ;
¿tiene?? *avez-vous* ?
tengo que irme *il faut*
que j'y aille ; tengo
calor *j'ai chaud* ;
tengo que ... *il faut*
que je...
teñir *teindre* (cheveux)
tenis (m) *tennis*
tenue *vague*
tercero *troisième*
terminal (f) *terminal*
ternera (f) *veau*
terraza (f) *terrasse*
testigo (m) *témoin*
tía (f) *tante*
tiempo (m) *temps*
tienda (f) *magasin* ;
la tienda de comestibles
épicerie ;
la tienda de discos
magasin de disques

tienda (de campaña)
(f) *tente*
¿tiene ...? *avez-vous... ?*
tierra (f) *terre*
tijeras (f/pl) *ciseaux*
timbre (m) *sonnette*
tinta (f) *encre*
tinto *rouge* (vin)
tintorería (f)
teinturerie
tío (m) *oncle*
tirantes (m pl) *bretelles*
tirar de *tirer*
tirita (f) *pansement*
toalla (f) *serviette*
toallitas para bebé
(f/pl)
lingettes pour bébé
tobillo (m)
cheville (corps)
toca: me toca a mí
c'est mon tour
tocadiscos (m)
tourne-disque
tocar *toucher*
todavía *encore* ; todavía
no *pas encore*
todo *tout* ; eso es todo
c'est tout
todos *tous*
todos los días
tous les jours
tomar *prendre* ;
tomar el sol
prendre le soleil
tomate (m) *tomate*
tónica (f) *Schweppes*
torero (m) *torero*
tormenta (f) *orage*
tornillo (m) *vis*
toro (m) *taureau*
torre (f) *tour*
tortilla (f) *omelette*
tos (f) *toux*
toser *tousser*
tostada (f) *toast*
trabajar *travailler*
trabajo (m)
travail, emploi
tractor (m) *tracteur*
tradición (f) *tradition*
traducir *traduire*
traductor/traductora
(m/f) *traducteur/trice*
traer *apporter, ramener*
tráfico (m) *trafic*
traje (m) *costume*
tranquilo *tranquille*
trapo (m) *chiffon*
trasero (m)
derrière (fesses)
tréboles (m/pl)
trèfle (cartes)
trece *treize*
treinta *trente*
tren (m) *train*
tres *trois*
triste *triste*
tú *tu*
tu(s) *ton, ta, tes* ;
tu libro *ton livre* ;

tus zapatos
tes chaussures ;
¿es tuyo esto?
c'est à toi ?
tubería (f)
tuyauterie, conduite
tubo de escape (m)
pot d'échappement
tuerca (f) *écrou*
tuerza (a la
izquierda/derecha)
tournez
(à gauche/droite)
túnel (m) *tunnel*
turismo (m) *tourisme*
turista (m/f) *touriste*

U

último *dernier*
un/a *un/une*
uña (f) *ongle*
único *unique*
universidad (f)
université
uno *un*
urgente *urgent*
usar *utiliser*
uso (m) *usage*
usted *vous*
utensilios de cocina
(m/pl) *ustensiles de*
cuisine
útil *utile*
uvas (f/pl) *raisin*

V

vacaciones (f/pl)
vacances
vacío *vide*
vacuna (f) *vaccination*
vagón (m) *wagon ;*
el vagón-restaurante
wagon-restaurant
vainilla (f) *vanille*
valle (m) *vallée*
válvula (f) *vanille*
vapor (m) *vapeur,*
bateau à vapeur ;
al vapor *à la vapeur*

vaqueros (m/pl) *jeans*
vaso *verre*
(pour boire)
váter (m) *toilettes*
¡váyase! *allez-vous en !*
veces: a veces *parfois*
vegetariano *végétarien*
vehículo (m) *véhicule*
veinte *vingt*
vela (f) *voile ; bougie*
velocidad (f) *vitesse*
venda (f) *bandage*
vender *vendre*
veneno (m) *poison*
venir *venir ;* ¡venga aquí!
venez ici !
ventana (f) *fenêtre*
ventas (f/pl) *ventes*
ventilador (m)
ventilateur
ventisca (f)
tempête de neige
ver *voir ;* no veo *je ne*
vois pas
verdad *vrai ;* es verdad
c'est vrai ; ¿verdad?
n'est-ce pas ?
verde *vert*
verdulero (f)
marchand de légumes
verdura (f) *légumes*
verja (f) *grille*
veterinario (m)
vétérinaire
vez: de vez en cuando
de temps en temps
viajar *voyager ;* viajar en
avión *voyager en*
avion
viaje (m) *voyage ;*
el viaje de novios
voyage de noces
vida (f) *vie*
vídeo (m) *vidéo (film) ;*
el (aparato de) vídeo
magnétoscope
videocámara (f)
camescope
vídeo-juegos (m/pl)
jeux vidéos
viejo *vieux*
viento (m) *vent*
viernes *vendredi*
vigilante nocturno (m)
gardien de nuit

vinagre (m) *vinaigre*
vinatero (m)
marchand de vin
vino (m) *vin*
violín (m) *violon*
visita (f) *visite ;* las
horas de visita *heures*
de visite ; la visita con
guía *visite guidée*
visitante (m/f) *visiteur*
visitar *visiter*
visor de imagen (m)
viseur
vista (f) *vue*
vitaminas (f/pl)
vitamines
vivero (m) *pépinière*
vodka (m) *vodka*
volar *voler* (oiseau)
volver *revenir ;*
volvemos mañana
nous revenons demain
voz (f) *voix*
vuelo (m) *vol*

W, Y, Z

web site (f) *site web*
whisky (m) *whisk*
y *et*
ya *déjà*
yo *je*
yogur (m) *yaourt*
zanahoria (f) *carotte*
zapatería (f)
magasin de chaussures
zapatillas (f pl)
chaussons
zapatos (m pl)
chaussures ; las
zapatillos de deporte
chaussures de sport
zona peatonal (f) *zone*
piétonne
zoo (m) *zoo*
zumo (m) *jus ;* el zumo
de frutas *jus de fruit ;*
el zumo de naranja *jus*
d'orange ; el zumo de
tomate *jus de tomate*

Remerciements

L'éditeur aimerait remercier les personnes suivantes pour leur aide à la préparation de cet ouvrage : Isa Palacios et Maria Serna pour l'organisation des séances photo en Espagne ; Restaurant Raymond à Mi Pueblo, Madrid ; Magnet Showroom, Enfield, Londres, MyHotel, Londres : Perppermint Green Hairdressers, Londres ; Coolhrust Tennis Club, Londres ; Kathy Gammon ; Juliette Meeus et Harry.

Contenu éditorial pour Dorling Kindersley par G-AND-W PUBLISHING
Sous la direction de **Jane Wightwick**
Suivi éditorial et données complémentaires : **Cathy Gaulter-Carter, Teresa Cervera, Leila Gaafar**

Assistance artistique : **Lee Riche, Fehmi Cöwert, Sally Geeve**
Assistance éditoriale : **Paul Docherty, Lynn Bresler**
Recherche iconographique : **Louise Thomas**

Crédit photo

h = haut, b = bas, g = gauche, dt = droite, c = centre, a = au-dessus, e = en dessous
Couv. © CORBIS